紫荆魂

——德阳市东汽小学文化建设纪实

主　编：罗　建
副主编：颜昭伟　谢长林
编　委：兰　勇　宋婷婷　杜　鹃　吴文菊　吕　赞
孙红玉　裴尔娜　董礼平　谢良波　代　伟
王文佳　花明星
顾　问：李继星

西南交通大学出版社
·成　都·

图书在版编目（C I P）数据

紫荆魂：德阳市东汽小学文化建设纪实 / 罗建主编
. —成都：西南交通大学出版社，2022.6
ISBN 978-7-5643-8738-9

Ⅰ. ①紫… Ⅱ. ①罗… Ⅲ. ①小学 – 校园文化 – 建设
– 研究 – 德阳 Ⅳ. ①G627

中国版本图书馆 CIP 数据核字（2022）第 103559 号

Zijinghun
——Deyang Shi Dongqi Xiaoxue Wenhua Jianshe Jishi

紫荆魂
——德阳市东汽小学文化建设纪实

主　编 / 罗　建
责任编辑 / 郭发仔
封面设计 / 原谋书装

西南交通大学出版社出版发行
（四川省成都市金牛区二环路北一段 111 号西南交通大学创新大厦 21 楼　610031）
发行部电话：028-87600564　　028-87600533
网址：http://www.xnjdcbs.com
印刷：四川煤田地质制图印刷厂

成品尺寸　185 mm × 260 mm
印张　10.25　　字数　216 千
版次　2022 年 6 月第 1 版　　印次　2022 年 6 月第 1 次

书号　ISBN 978-7-5643-8738-9
定价　68.00 元

前　言

德阳市东汽小学始建于1968年，其前身为东方汽轮机厂子弟学校。“5 · 12”汶川大地震之后，学校迁至德阳市区重建。新建的东汽小学坐落于国家级经济技术开发区，面朝东山，背临旌湖，是德阳市教育局直属的示范性公办小学。

全新的东汽小学占地58亩，总建筑面积约12 000 m^2，于2011年正式投入使用，现有30个教学班、在校学生1500余人，是一所设备设施一流、环境优美的全日制小学。

近年来，学校教学质量突出，多次荣获“德阳市教学质量管理先进单位”等称号；办学特色鲜明，先后荣获“四川省红旗大队”“德阳市十佳红旗大队”“德阳市校风示范校”等荣誉称号；作为“德阳市艺术教育特色示范校”，学校多个学生社团战绩辉煌——德阳市男子足球联赛冠军、德阳市直属学校学生艺术节合唱比赛第一名、全国青少年健美操比赛一等奖……

学校师资雄厚，现有教职员工140人。其中，研究生8人，高级教师11人，省特级教师1人，省级骨干教师3人，市教育卓越人才1人，市特级教师、知名教师2人，市学科带头人、骨干教师、教坛新秀10余人，县级学科带头人、骨干教师、教坛新秀20余人。

学校以“扎根传统，放眼未来”为办学核心理念，精心培育健康、聪慧、温暖的时代新人。

从2019年起，在德阳市教育局统一领导下，学校开展“五大体系”建设，组建了强有力的工作领导小组，由学校党支部书记、校长罗建任组长，各科室通力协作，进行学校文化体系建设、课程体系建设、高效课堂体系建设、公民教育体系建设和制度体系建设。其中，重点进行了学校文化体系建设，做了大量理论和实践工作。

特别要感谢中国教科院李继星教授的悉心指导。李教授曾多次莅临学校，对本校五大体系工作从宏观架构到微观改造均进行了细致入微的指导。同时，也要感谢学校所有为此项工作付出艰辛努力的老师们！

我们经过三年时间的摸索和沉淀，结集成《紫荆魂——德阳市东汽小学文化建设纪实》，希望对学校的文化建设起到一个总揽的作用，让这所具有悠久办学历史又青春昂扬的学校在核心理念的统领下，快速成长为影响深远的知名学校。

作者

2022年6月

目　录

第一篇
学校文化建设纲要

第一篇
学校文化建设纲要

第一章 | 概　述

第一节　学校文化建设相关概念

一、文　化

文化是相对于经济、政治而言的人类全部精神活动及其产品，是智慧群族的一切群族社会现象与群族内在精神的既有、传承、创造、发展的总和。它包括智慧群族从过去到未来的历史，是群族基于自然的所有活动内容，是群族所有物质表象与精神内在的统一体。

二、学校文化

学校文化分广义和狭义两类。广义的学校文化是一种亚文化，是学校中形成的特殊文化，体现的是社会背景下以学校为地理环境圈，由全体师生在学校长期的教育实践过程中积淀和创造出来的，并为其成员所认同和遵循的价值观、行为准则及其规章制度，以及行为方式、物质设施等的一种整合与结晶，其本质意义在于影响和制约学校内人的发展，其最高价值在于促进学校内人的发展。

狭义的学校文化众说纷纭。有“校园文化”说，以“校园文化”来指代“学校文化”，认为学校文化就是校园环境中存在的一切文化形态；有“校风”说，认为学校文化是学校的各种规范、行为和风尚；有“文化艺术活动厅”说，认为学校文化指在学校中开展的如歌咏、舞蹈、体育比赛等文艺活动；有“教风”说，认为学校文化反映的是学校教师的教学水平；有“学风”说，认为学校文化反映的是一个学校的学习风气和氛围等。综上所述，学校文化实质上是一种隐性德育课程。通过学校文化，学校对学生进行道德熏陶，帮助学生在潜移默化中接受道德规范，实现道德成长。学校文化既包括校园建筑、环境布置等显性要素，也包括人际环境、心理环境等隐性要素。

三、学校文化战略

学校文化战略是指一所学校传播、发展自身的文化软实力的基本指导思想、目标、方法和策略。

在学校发展过程中，文化对学校产生的诸多影响都被置于学校行为动机的原始部位，处于行为动机的意识层面之下，以至于文化的作用往往被人们忽视。文化战略包括建立全面的、符合发展要求的学校文化、品牌文化、管理文化等。

四、学校文化建设

学校文化重在建设，包括物质文化建设、精神文化建设和制度文化建设。学校要树立起完整的文化形象，就要全面、协调发展这三个维度的建设。

学校文化建设渗透于学校的教学、科研、管理及各种校园活动等方面。学校文化建设是学校实施素质教育和精神文明建设的重要组成部分，是学生成长成才的内在需要，更是推进学校和谐发展的重要载体。

第二节　学校文化建设的指导思想、目标、原则、内容

一、指导思想

全面贯彻党的教育方针，以习近平新时代中国特色社会主义思想为指导，深入贯彻《中国教育现代化2035》，遵循教育规律，坚持扎根中国大地办教育，为祖国未来育才，培养有“人类命运共同体”情怀、“健康、聪慧、温暖”的时代新人。

二、基本目标

确立正确的文化价值观。学校精神文化在本质上是用文化唤醒和高扬学生的生命意识，它所关注的是学生真正的精神生活和内心世界。精神文化的核心是价值观，但价值观并不是精神文化的全部，学校如果片面强调精神文化的伦理道德规范作用，忽视精神文化的其他方面，那么精神文化建设是难以取得好的成效的。

（一）改变精神文化建设单一的路径

学校精神文化的建设，除了开展一些能真正满足学生精神生活需要的一些文体活动外，还应着力在课堂里构建良好的师生关系、生生关系，通过丰富多彩的教学内容

与科学的教学方式来丰富学生的精神世界。

（二）关注和丰富学生的体验

校园精神文化建设，首先要关注并丰富学生的精神体验。精神上的丰富、体验上的美好，还有赖于不同生命主体之间的对话和交流。教师应以“平等中的首席”的身份与学生对话、交流，走进他们的精神世界，给学生更多的理解，给学生更多自由表达心声的机会。

（三）生活世界的回归

教学紧密联系生活和学生的精神需求，学生在课程中就能够以精神主体的地位出现于教育过程，他们的生命体验和精神活动、他们对于生活的喜怒哀乐都将成为学校文化生活的中心。

（四）加强文化陶冶

“文化陶冶”的观点确立了学校文化建设新的范式，即把陶冶看作精神文化建设的基本途径。教育不应停留于知识的传递，应着力发掘知识的文化陶冶价值；知识的传授，应该伴有学生体验的不断生成，应与学生的心理发展紧密协调，使学生产生精神上的共鸣，从而发挥文化陶冶功能。

三、实施原则

（一）人本性原则

要坚持以学生为本的理念，把文化育人作为校园文化建设的出发点和落脚点，用先进的校园文化培育人、愉悦人、塑造人和发展人，促进学生形成良好的行为习惯，提升文化品位，追求高尚的精神境界，实现全面发展。

（二）教育性原则

校园文化建设要突出文化的育人作用，使校园真正成为文化育人的摇篮，使学生通过文化的熏陶、文明风尚的感染、优良环境的陶冶，达到培养性格、磨炼意志、认同观念、定型品格和升华精神的目的。

（三）整体性原则

校园文化建设是一个系统工程，所以，校园文化建设要注重整体规划，注重各种文化的有机结合，有效开发与利用校园文化资源；注重学校细节开发，让学校的一切融入文化之中，保证校园文化的协调发展。同时，使学校自然景观与人文景观相融合，传承学校历史文化与高扬时代精神，使学校文化建设与社会文化发展相协调，使办学行为、办学特色与办学理念并举。

（四）主体性原则

校长是校园文化建设的培植者、引领者，教师和学生是校园文化建设的主体。在校园文化建设中，要充分发挥师生在校园文化建设中的主体作用，充分调动其主观能动性和创造性，努力形成全员参与、群策群力、齐抓共建的良好氛围，让师生在参与中建设，在建设中接受熏陶和教育。

（五）实践性原则

校园文化建设重在参与，重在实践，所以，开展符合学生特点、能引导学生全面发展，学生喜闻乐见、参与性强的校园文化活动是必要的。要注意发挥学校、班级、学生、家长及社区各方面的积极性。通过活动，逐步形成规范、和谐的校风，科学务实的教风，兴趣浓厚的学风，以及进取向上的班风。

（六）个性化原则

校园文化建设在体现民族优秀文化特点、时代精神、现代办学理念的同时，在充分传承学校历史文化的基础上，要深入挖掘学校文化内涵，继承学校办学传统，因地制宜、因校制宜，以积极鲜明的个性彰显办学理念和办学文化，形成与时代特征相符的办学特色。

（七）与时俱进原则

校园文化具有发展性、动态性等特点，所以要与时俱进，对学校的文化传统进行重新发现、认定和弘扬。校风、教风、学风的建设，要弘扬主旋律，传承优秀的民族精神，校训、校歌、校徽、校标和雕塑的设计要体现学校特点和以学生为本、以德育人的教育理念，坚持弘扬时代主旋律，体现发展主题，培育时代精神。

（八）遵循未成年人身心发展规律的原则

校园文化活动是学生思想道德实践的重要载体。校园文化活动的设计和组织，必须坚持遵循未成年人身心发展规律，注重以学生为主体，最大限度地发动学生参与校园文化建设，在参与中体验，在活动中接受教育。

四、基本内容

（一）物质文化

完善的校园设施为师生员工开展丰富多彩的寓教于文、寓教于乐的教育活动提供了重要的载体，使师生员工教有其所、学有其所、乐有其所，在求知、求美、求乐中受到潜移默化的教育和启迪。

完善的设施、合理的布局、各具特色的建筑和场所，会使人心旷神怡、赏心悦目，有助于陶冶校园人的情操，塑造校园人的美好心灵，激发校园人的开拓进取精神，约束校园人的不良风气和行为，促进校园人的身心健康发展。

在校园文化建设中，精神文化是目的，物质文化是实现目的的途径和载体，是推进学校文化建设的必要前提。物质文化建设是校园文化建设的重要组成部分和重要支撑。

校园物质文化属于校园文化的硬件，是看得见摸得着的东西。校园物质文化的每一个实体，以及各实体之间的结构关系，无不蕴藏着价值理念。

（二）精神文化

它主要包括校园历史传统和被全体师生员工认同的文化观念、价值观念、生活观念等，是一个学校本质、个性、精神面貌的集中反映。校园精神文化又被称为“学校精神”，并具体体现在校风、教风、学风、班风和学校人际关系上，展示于校园生活各个角落，包括学生们的行为方式等。

1．校风建设

校风建设实际上就是校园精神的塑造，校风作为构成教育环境的独特因素，体现了一个学校的精神风貌。在校风体现形式上，校风主要表现在校训、校歌、校徽和校旗上。好的校风具有深刻的、带“强制性”的感染力，使每一位校园人的集体感受日趋巩固和扩展，形成集体成员心理特性最协调的心理相容状态；具有对学校成员内在动力的激发作用，催人奋进；对学校成员的心理发展具有保护作用，对不良的心理倾向和行为具有强大的抵御作用。

2．学风建设

学风是指学生集体在学习过程中表现出来的治学态度和方法。

优良的学风像校风、教风一样，对学校教育教学质量的提高，对学生人格品质的发展和完善，对培养学生成为德、智、体、美、劳全面发展的接班人，具有重要意义。

3．教风建设

教风是教师在长期教育实践活动中形成的教育教学的特点、作风和风格，是教师道德品质、文化水平、教育理论、教学技能等素质的综合体现。

要抓好校风建设，首先必须抓好教风建设（包括工作作风建设），因为学校是育人的场所，是人才的摇篮。而教师是人才的培养者，理应在“三育人”（即管理育人、教书育人、服务育人）的过程中发挥主要作用。

只有在教职工中树立起实事求是、艰苦奋斗、勤政廉政、团结协作、高效严谨、服务周到、细心耐心的工作作风和为人师表、教书育人、治学严谨、认真负责、耐心细致、开拓进取的教风，才能形成勤奋学习、积极向上、严谨求实、尊师重教、遵纪守法、举止文明的优良学风。总之，没有良好的工作作风和教风，就难以形成良好的学风。

4. 学校人际关系建设

学校人际关系包括学校领导之间的关系、学校领导与教职工之间的关系、教师之间的关系、教师与学生之间的关系、学生与学生之间的关系。良好的学校人际关系有助于广大师生员工密切合作，形成一个团结统一的集体，更好地发挥整体效应。

五、实施步骤

学校扎实有效地开展文化建设活动，大致遵循以下几个步骤。

（一）成立领导小组，制订实施方案

1. 成立学校文化建设领导小组

（1）学校文化建设领导小组。

组长：罗建

副组长：颜昭伟、谢长林、兰勇

（2）学校文化建设领导小组办公室。

2. 制订实施方案，宣传发动

（二）组织实施，开展文化建设

（1）分解学校文化建设目标和任务。

（2）各处室完成与自身有关的文化建设。

（3）全校师生积极参与。

（三）检查总结，改进提升

依据学校文化建设实施方案、目标任务，及时、定期对校园文化建设成果进行全面检查，并进行持续不断的改进和完善。

六、基本策略与方法

学校文化是学校生存、发展的灵魂和精神支柱。作为学校教育的重要组成部分，学校文化应真实深刻地体现人文精神，体现科学发展观，以独特的办学理念、独特的教学模式、独特的学生个性发展、浓厚的学术氛围、丰富的文化活动、无限的创造潜能、民主平等的和谐关系、完美的文化人格来塑造具有个性特色的校园文化，即构建出“和谐与美”的物质文化、“以人为本，以善为本，全面发展”的制度文化和“奋发向上，积极向善，不断超越，关爱协作”的精神文化，让学生的学习生活永远充满活力、充满生机、充满信心、充满希望。

（一）构建优美的校园环境，营造良好的育人氛围

学校精心设计并努力渲染校园环境的文化氛围，不仅为学生提供了良好的学习情境，而且无形中净化了学生的心灵，陶冶了学生的情操，感染了学生的行为，收到了“此处无声胜有声”的教育效果。校园是学生进行学习和生活的重要空间，因此，一个明丽清新、生机盎然的“绿色校园”对学生的学习、成长及学生个性的形成、情操的陶冶都有重要的影响。学校教学大楼、办公大楼是校园文化建设的标志性建筑，整个布局应该十分合理，外形要美观，内部要宽敞明亮，室内环境要优美。校园要建成花园式文化长廊，通过造型、雕像渗透出先进文化的韵味。如整洁的校舍、宽敞的场地、葱绿的草木、艳丽的鲜花、幽静的凉亭、欢畅的喷泉，给学生以赏心悦目之感，让学生进入一个美丽、温馨、幸福、愉快的校园，使学生在紧张的学习中得到自然的身心调节，得到美的净化和陶冶，提高审美情趣。另外，校园内设置的名人雕像、名人名言、教育格言警句、标语口号及壁画等，凝聚着学校的教育理念，为学生创设了良好的精神环境，使学生得到艺术的熏陶、哲理的启迪和榜样的激励，从而树立远大的理想。室内环境的布置更要特色化，如设“读书角”“活动角”“卫生角”，立“评比栏”“竞赛栏”，办“黑板报”“手抄报”，四壁贴名人像和名言等，渲染学习气氛和竞争氛围，激励学生积极进取。

（二）完备的校园文化设施是校园文化建设重要的组成部分

校园文化设施作为校园文化的有机组成部分，其所辐射出的文化信息对学生的身心健康、世界观的形成等，都有一定程度的影响。如学校的科学实验室、电脑室、阅览室、多功能活动室以及多媒体教育设备等，为培养学生的各种技能，提高学生的综合素质，提高学生自主学习、合作学习和探究学习的基本技能，创造了良好的条件。学校设立共青团活动室，建立标准的课外活动场地，成立学校广播站，创立校报和校刊，设立作品展览室和宣传窗等，为学生提供良好的活动园地，传递文化科学信息，反映师生的精神面貌，从而激励学生的情志，启迪学生的智慧，使学生在耳濡目染中形成美的品格和健康的个性。

第三节　学校简介、校史、主要荣誉

一、学校简介

德阳市东汽小学始建于1968年，其前身为东方汽轮机厂子弟学校。“5·12”汶川大地震之后，学校迁至德阳市区重建。新建的东汽小学坐落于国家级经济技术开发区，面朝东山，背临旌湖，是德阳市教育局直属的示范性公办小学。

全新的东汽小学占地58亩，总建筑面积约12 000 m^2，于2011年正式投入使用。现有30个教学班、在校学生1500余人，是一所设备设施一流、环境优美的全日制小学。

近年来，学校教学质量突出，多次荣获“德阳市教学质量管理先进单位”等称号；办学特色鲜明，先后荣获“四川省红旗大队”“德阳市十佳红旗大队”“德阳市校风示范校”等荣誉称号；作为“德阳市艺术教育特色示范校”，学校多个学生社团战绩辉煌——德阳市男子足球联赛冠军、德阳市直属学校学生艺术节合唱比赛第一名、全国青少年健美操比赛一等奖……

学校师资雄厚，现有教职员工140人。其中，研究生8人，高级教师11人，省特级教师1人，省级骨干教师3人，市教育卓越人才1人，市特级教师、知名教师2人，市学科带头人、骨干教师、教坛新秀10余人，县级学科带头人、骨干教师、教坛新秀20余人。

学校以“扎根传统，放眼未来”为办学核心理念，精心培育健康、聪慧、温暖的时代新人。

二、校史

1968年2月，四〇一信箱职工子弟学校成立，校址位于绵竹汉旺镇。

1969年，确定东汽小学为正式校名。

2006年，学校与企业剥离，由绵竹市教育局直接管理。

2008年5月12日，汶川发生特大地震，学校损毁严重，迁至德阳市区办学。

2009年1月，学校由德阳市教育局直接管理。

2011年2月，新校舍正式投入使用。

三、主要荣誉

四川省红旗大队、德阳市教育质量管理先进单位、四川省艺术教育特色学校。

第二章｜文化战略纲要·精神力系统

第一节　办学核心理念与教育主题

一、办学核心理念

（一）理　念

扎根传统，放眼未来。

（二）释　义

教育要扎根中国大地，要扎根于优秀的传统文化，思考从何而来、去往何方；教育要着眼未来，放眼个人、祖国和人类的未来，培养有人类命运共同体意识的时代新人。

二、教育主题

（一）主　题

紫荆花教育。

（二）释　义

学校是香港特别行政区政府援建的，紫荆花是香港特别行政区的标志，寓意东汽小学在感恩香港特别行政区政府援助的同时，扎根于中华五千年的优秀传统文化土壤，放眼广袤的世界和孩子们美好的未来，培养有“人类命运共同体”情怀、有长远目光、“健康、聪慧、温暖”的时代新人。

第二节　学校的系列二级理念

一、规划理念

融百家之长，创巴蜀一流。

二、治理理念

守正创新，凝心聚力。

三、队伍建设理念

建设勤勉、博识、仁爱的师资队伍。

四、课程理念

融优秀文化，创美好未来。

五、教学理念

因材施教，学为教先。

六、德育工作理念

促全面发展，育时代新人。

七、安全工作理念

生命至上，防教结合。

八、后勤服务理念

师生至上，服务育人。

九、评价理念

客观公正，动态多元。

第三节　学校的发展目标、使命、培养目标

一、学校的发展目标

通过五大体系建设，推动学校高质量发展，五年内成长为德阳市区知名学校，十年内成为德阳市知名学校，二十年内成为四川省知名学校。

二、学校使命概要

学校是一个可以让人认识自己生命全部秘密的地方。优秀的普通文化课是必要的，但是，一个真正的学校还要超越这个要求。学校应是教师引领学生去做这些事情的地方：不仅探索外部世界和知识世界，还要探求他们自己内在的思想与行为。从这个地方开始，他们要发现他们自身的教养状况，发现他们自身所存在的思维缺陷并努力弥补。学生在学校需要挖掘自身的善良品质，也要对自己的诸多不足和过错进行反省。个体只有认知自身，才能真正获得某种程度上的自由。只有在这样的自由环境之中，真正的学习才能发生。在这样的学校里，教师的真正职责是支持学生谨慎地探索自身的意识状况，并促使其不断进步。

学校是一个使人认识到学习知识的重要性并意识到知识更有其局限性的地方，更是一个学会不以成见和现成的结论来观察世界的地方。

三、学校的培养目标（师生培养、发展目标）

（一）学生培养目标

培养健康、聪慧、温暖的时代新人。

（二）本校学生发展核心素养

健康生活、学会创造、人文积淀。

（三）教师发展目标

做勤勉、博识、仁爱的好老师。

四、学校的社会（社区）使命

教好一个孩子，改变一个家庭，带动一个社区。

第四节　学校精神与“三风”

一、学校精神

学校精神文化可分解为四种基本成分。

一是认知成分，即学校这个群体和构成它的个体对教育目的、过程、规律的认识，属于校园文化的理性因素。

二是情感成分，即学校这个文化体内的成员对教育、学校、班级、老师、学生特有的依恋、认同、参与、热爱的感情。这种感情通常包含责任感、归属感、优越感和献身精神。

三是价值成分，即学校校园所独有的价值取向系统，如“尊师爱生”的价值取向，“教育、教学活动优先”的价值取向以及“严谨、守纪、规范、团结”的价值取向等。

四是理想成分，即学校及其成员对各种教育活动和学生的发展水平所表达的希望和追求。比如，创造美好的教育环境，促进学生在德、智、体、美、劳等各个方面得到充分、和谐、全面的发展。这是许多优秀学校所追求的理想。

二、“三风”

校风：和谐　灵动　有创意。

教风：善教　精进　勇创新。

学风：乐学　自主　会创美。

第五节　学校教育铭言

一、概　论

励志语不仅能激活一个人的生命能量，而且能唤起一个民族的创造热情。励志，即唤醒一个人的内在创造力。励志，并不是让弱者取代另一个人成为强者，而是让一个弱者能与强者比肩，拥有实力相当的生命力和创造力。唯有从内心深处开掘出力量，用心灵体验总结出精华，才能使一个人真正获得尊严和自信。

二、校级铭言

紫荆花开，香飘未来。
紫荆花儿开，朵朵都精彩。
转动最美好的未来。
大美中国，幸福东小。

三、学校各业务工作领域、各中层部门的铭言

德育：蒙以养正，知行合一。
教导：有教无类，因材施教。
后勤：及时周到，精细节约。

第六节　学校形象

一、学校组织形象（学校办学定位、学校组织形象定位）

硬件一流、环境优美、管理规范、社会认可。

二、学校人员形象（人员文化气质、学校人员形象定位）

（一）学校领导形象

睿智谦逊、与时俱进。

（二）教师形象（教师形象定位、教师文化气质）

博学严谨、阳光自信。

（三）学生形象（学生形象定位、学生文化气质）

知书达理、朝气蓬勃。

第七节　师生誓词

一、教师誓词

我宣誓，我是一名人民教师，忠诚党的教育事业，贯彻党的教育方针，坚持立德树人，遵循教育规律，恪守职业道德。做学生锤炼品格、学习知识、创新思维、奉献祖国的引路人，做有理想信念、有道德情操、有扎实学识、有仁爱之心的好老师，为党和人民的教育事业奋斗终身！

二、学生誓词

我宣誓，我是一名东汽小学学生，我决心做到：刻苦勤奋，自强不息，崇尚科学，努力学习，热爱劳动，强身健体，团结拼搏，勇争第一。

第八节　学校宣言

紫荆花开
曙光山，白云外，
绵远河天上来。
山高水长，情暖心怀，
念念不忘你的抚爱。
旌湖畔，春常在，
紫荆树站成排。
小小少年，立志成才，
扎根传统放眼未来。
紫荆花儿开，朵朵都可爱。
心与心相同，把梦汇成海。
紫荆花儿开，朵朵都精彩。
爱与爱相拥，转动新时代。

第三章 | 文化战略纲要 · 执行力系统

第一节 学校章程、学校治理结构和组织脉络图

一、学校章程

第一章 总 则

第一条 为进一步规范学校办学行为和内部管理，确保学校健康持续发展，根据《中华人民共和国宪法》《中华人民共和国教育法》《中华人民共和国教师法》《中华人民共和国未成年人保护法》等法律、法规，特制定本章程。

第二条 学校的校名为德阳市东汽小学，注册地址为德阳市区天山南路三段。

第三条 学校是一所公办、全日制完全小学，学制为六年，学校办学规模为三十个教学班。

第四条 学校以邓小平同志关于“教育要面向现代化，面向世界，面向未来”的论述和习近平总书记提出的“要扎根中国大地办教育”的理念为指导，全面贯彻党的教育方针，全面推进素质教育，教育学生学会做人、学会求知、学会健体、学会审美、学会创造，培养“有理想、有道德、有文化、有纪律”，德智体美劳全面发展的社会主义事业的建设者和接班人。

第五条 学校在“以人为本”的哲学基础上，坚持“扎根传统，放眼未来”的办学核心理念；实施“质量、特色”“强师、重管”的兴校方略；实践“德育为首、发展为本”“全面发展、学有特长”的育人理念；继承和弘扬“坚持正气，保持锐气，追求大气”的治校风格，努力把学校办成德阳城区的品牌学校。

第六条 校风是“和谐、灵动、有创意”，教风是“善教、精进、勇创新”，学风是“乐学、自主、会创美”。

第七条 学校实行校长负责制、岗位责任制、责任追究制、奖惩制等制度。

第二章 学校管理

第八条 学校由德阳市教育局主管。

第九条　学校校长由德阳市教育局聘任，并接受上级有关部门和组织的评议、监督和指导。

第十条　根据工作需要，学校设副校长3名，副校长受校长委托分管学校行政、德育、教学教研、后勤事务等方面的工作。工会、共青团按相关章程设置和开展工作。

第十一条　学校校长对学校依法依规进行管理，全面负责。校长是学校的法定代表人。校长必须坚持社会主义办学方向，全面贯彻党的教育方针、政策和国家的法律法规，认真执行上级党政和教育行政部门的决定，对上级主管部门负责，承担管理学校的责任。校长享有国家法律和上级主管部门赋予的权利，对学校行政工作的重大问题有最后决定权和相适应的人事权；同时，必须承担应尽的义务。校长必须遵守民主集中制的原则，依靠党组织，充分尊重教职工主人翁地位和民主管理、民主监督的权利，团结教职工，共同办好学校。

第十二条　校长定期召开行政会议（原则上每周一次）。会议由校长主持，各部门主要负责人参加（必要时年级组长参加），会议主要研究处理学校日常工作与管理事务，制订周工作计划。行政会讨论的有关教职工的职务、工资晋升、晋级、绩效工资福利等重大问题，须经学校教职工代表大会通过，或报上级有关部门批准方可实施。

第十三条　学校中层干部的聘任参照《党政领导干部任免条例》有关规定执行，根据学校的实际情况，学校内部机构的设置为办公室、德育室、教导务处、教科室、总务后勤处。各科室设正副主任1~2名。其主要职责如下。

（一）办公室主任是校长、书记的参谋和助手，具体负责行政协调和学校宣传、人事、工资福利、编制管理、考核评价、安全管理以及有关内部事务。

（二）德育室主任是校长领导德育工作的主要助手，具体负责学校德育工作、班主任工作管理和学生思想政治教育。

（三）教导务主任是校长领导教学工作的主要助手，具体负责学校教学常规管理，同时负责抓好楼、室和场地的管理。

（四）总务后勤主任是校长领导后勤工作的主要助手，具体负责学校钱、财、物的管理，发展校园经济、优化校园建设。

（五）教科室是学校教育科研和教师培训的责任科室，教科室主任具体负责学校教育科研管理。

第十四条　学校管理按“系统、规范、务实、高效”的原则，实行分工负责，纵横结合，分级管理。副校长对校长负责，年级组长、教研组长及其他相关部门负责人对校长、副校长和科室主任负责。

（一）学校各年级设年级组，年级组长负责本年级学校有关精神在本年级的贯彻落实，负责本年级教育教学及其他相关工作的协调与反馈，直接接受学校各中层领导的领导。

（二）学校各学科教学以教研组为单位组织实施。各教研组设教研组长，负责学科教学研究和管理。教研组下设年级备课组。

（三）学校宣传、安全综治、招生、体育、卫生、校产等工作，由分管领导任执行组长，相关科室配备人员，并成立链接全校的横向组织实行专项管理。

第三章　学校监督

第十五条　学校党支部在学校发挥政治核心和监督保障作用，坚持党的基本路线，保证党的方针、政策和国家的法律法规的贯彻执行；抓好党组织的思想、组织和作风建设，充分发挥党组织的战斗堡垒作用和共产党的先锋模范作用；支持纪检组织充分行使权力，加强党内监督；负责学校中层干部的教育、培养、选拔、考核及校级干部推荐等工作；参与学校重大问题的决策，支持校长依法行使职权；领导学校政治思想工作和精神文明建设；领导和支持学校工会、共青团等群众组织，领导教职工代表大会开展工作；加强同各民主党派的团结与合作，做好统一战线工作。

第十六条　教职工代表大会（以下简称“教代会”）是教职工行使民主权利、参与学校民主管理和民主监督的基本形式和制度，是学校管理体制的重要组成部分。教代会应该坚持党的基本路线，贯彻党的基本方针，遵守国家的法律法规，引导教职工正确处理国家、集体和个人三者之间的利益关系，维护教职工的合法权益，调动教职工的积极性，督促教职工全身心投入教育教学，完成教学任务。

第十七条　学校教代会须经民主推荐产生，任期3～5年，接受学校党支部的领导，支持校长依法管理学校。其主要职权如下。

（一）讨论、审议校长工作报告、学校章程、发展规划、重要改革措施、财务预决算方案及其他学校改革和发展的重大问题，提出意见和建议。

（二）审定通过学校提出的教职工聘任办法、奖惩条例、分配方案及其他与教职工权益有关的重要管理制度，审议决定有关教职工福利的重要事项。

校长定期向教代会报告学校工作，听取教代会代表的意见，落实大会决议，处理代表提案。校长对教代会通过的决议有不同意见，可以提请大会复议。复议后教代会和校长意见仍不统一时，可以提请学校党支部协调解决，必要时可以报告上级主管部门和上级工会组织。

第四章　教育教学管理

第十八条　在校长支持下，德育处、教务处对学校教育教学管理及科研承担相应的责任。

第十九条　学校设立以校长为组长的德育工作领导小组，全面负责学校德育工作，充分发挥少先队组织的作用，发挥德育教育基地的作用，切实提高学校德育水平。

第二十条　学校坚持“德育为首，全面育人”，坚持按“四主四结合”的工作格局落实德育“双基”工程，即在整个德育工作中，实行学校教育、家庭教育、社会教育相结合，而以学校教育为主导；在学校教育中，实行教书育人、管理育人、服务育人相结合，而以教书育人为主干；在教书育人中，实行班主任教育、各学科教育相结合，而以班主任教育为主轴；在班主任教育中，实行教师的灌输教育、学生的道德养成教育相结合，而以学生的养成教育为主体。

第二十一条　学校严格按照国家规定的课程标准和课程计划，选用国家推荐的学科教材并积极开发校本课程。

第二十二条　学校坚持以学生发展为本，按照素质教育的要求不断深化课程改革，构建开放式的教学体系，充分尊重学生的主体地位，培养学生的创新意识、实践能力和合作精神，全面提高学生素质。

第二十三条　加强教学常规管理，规范教学行为；引进与探索科学的教学方法，建立与实施发展性评价机制；加快学校教育现代化建设，整合学校教育资源。

第二十四条　学校切实加强体育、卫生教育，鼓励科技创新，积极发展学生社团，支持学生开展社会实践活动。

第二十五条　学校重视教育教学研究工作，鼓励教师参与学术交流，支持教师参与课题研究，奖励优秀教研成果。

第五章　人事管理

第二十六条　学校人事在教育主管部门的统一管理下，按上级有关政策法规，逐步推行以教师聘任制为核心内容的人事管理制度改革，不断创新用人机制，实现优胜劣汰，充分调动广大教职工的积极性。

第二十七条　学校根据岗位需要，严格按学校选聘规程，积极引进优秀教师；学校按工作需要设立工作岗位，实行岗位责任制。

第二十八条　学校坚持按劳分配原则，实行以绩效工资为主体的分配办法。

第二十九条　学校实行教师职务制度，健全教师业务档案，大力培养中青年骨干教师和学科带头人，奖励有突出贡献的教职工。

第三十条　学校根据实际岗位需要，对部分管理和服务岗位实行招聘制，每年签一次合同，招聘期限不超过3年。

第六章　总务管理

第三十一条　学校总务工作坚持以服务为宗旨，全心全意为教育教学服务、为教育科研服务、为师生服务，不断提高整体服务水平。

第三十二条　学校坚持艰苦奋斗、勤俭办学，开源节流，提高效益。学校建立和执行财经预决算、经费收支管理、财务管理、校园建设等制度，并严格执行。学校根据国家的有关法规、政策实行校务公开收费。

第三十三条　学校设立财产专管员，督促各部门管好、用好学校财产，提高校产的利用率。

第三十四条 学校关心师生生活，不断改善师生工作和学习条件。

第三十五条 学校财务加强内审制度，接受学校教代会的监督，接受法定审计机构依法依规进行审计和检查。

第三十六条 学校经费在坚持由国家财政拨款为主的前提下，开辟多种融资渠道，不断改善办学条件，保障教职工合法权益，努力提高教职工福利待遇。

第七章 教 师

第三十七条 学校尊重法律法规赋予教师的权利，依法维护教师的合法权益。学校根据国家有关规定和学校应尽的职责，保障教职工（含离退休教师）应享有的权利。

第三十八条 学校要求教师履行法律规定的义务，忠诚人民的教育事业，“立德、立功、立言”，不断提高自己的综合素质，努力成为“高学历、高水平、高层次”的优秀教师。

第三十九条 全体教职工必须认真执行一岗双责制度。履行岗位职责，以身垂范，教书育人，严格遵守学校各项规章制度。

第四十条 学校奖励师德高尚、教书育人、服务育人、管理育人成绩突出的教职工，对有重大贡献者报请上级有关部门表彰、奖励。调整不能履行岗位职责的教职工的工作岗位，辞退不合格的教职工，优化教职工队伍。教职工对学校作出的处理不服的，可依法向上级教育行政部门提出申诉。

第八章 学 生

第四十一条 凡被本校录取，或按有关规定转入本校的学生，经上级教育行政部门批准备案，即取得东汽小学学籍。学校建立健全学生学籍管理制度，按上级教育行政管理部门规定的学籍管理办法、建立学生档案。

第四十二条 学生享有法律、法规规定的作为受教育者的权利。学生应当依法履行受教育者的义务，遵守学校的各项规章制度。

第四十三条 学校、教师应当关心学生的学习和身心健康，为学生提供必要的卫生保障条件，保证学生能安全、有效地参加学习、休息、文娱、体育和课外活动，不给学生增加过重的负担。

第四十四条 学校制定学生奖惩制度。每学期评选出“全面发展、学有特长”的学生，如“三好学生”“优秀学生干部”及“单项先进”等，并予以全校表彰。学校根据需要对在平时有突出表现的学生给予特别的表彰和奖励。学校对犯有错误的学生，遵循“教育为主”的原则。

第四十五条 学校为家庭经济困难的学生提供多种形式的资助，鼓励同学之间互相帮助。

第九章　附　则

第四十六条　本章程的解释权属学校教代会。本章程与国家法律法规、规章以及有关方针、政策相抵触时，以国家法律法规、规章以及有关方针、政策为准。

第四十七条　本章程修改后，须经教代会审议通过并报德阳市教育局。

第四十八条　本章程自批准之日起生效。

二、学校治理结构简述

（一）校务委员会

包括学校管理委员会、学校民主管理委员会、学校民主自治管理委员会、教育议事会、校务会议，如图3-1所示。

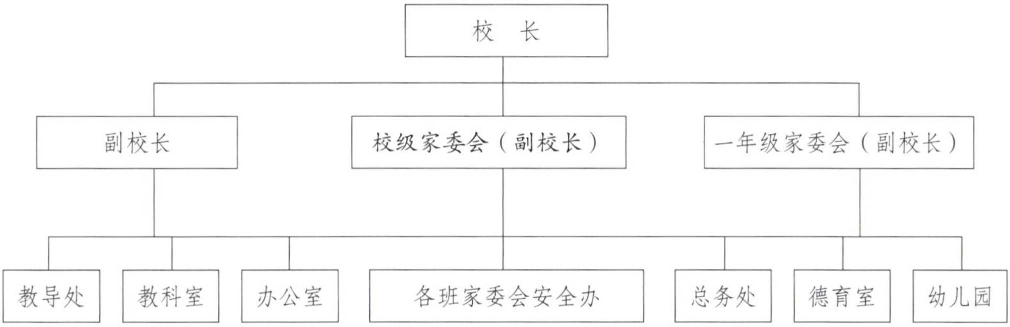

图 3-1　学校治理结构

（二）校长和校长办公会议流程

见图3-2。

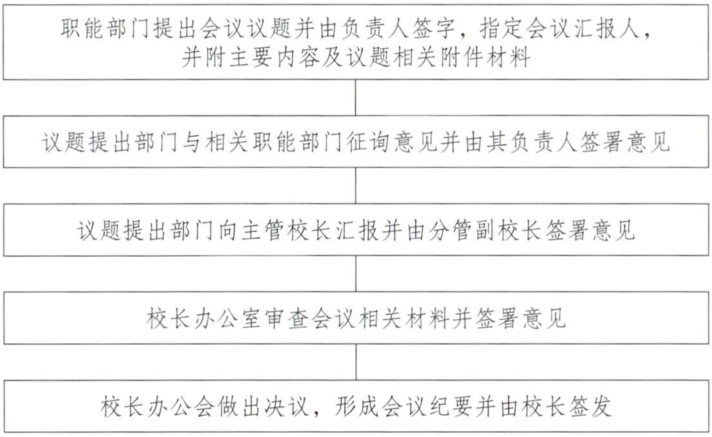

图 3-2　校长和校长办公会议流程

（三）书记和党支部

见图3-3。

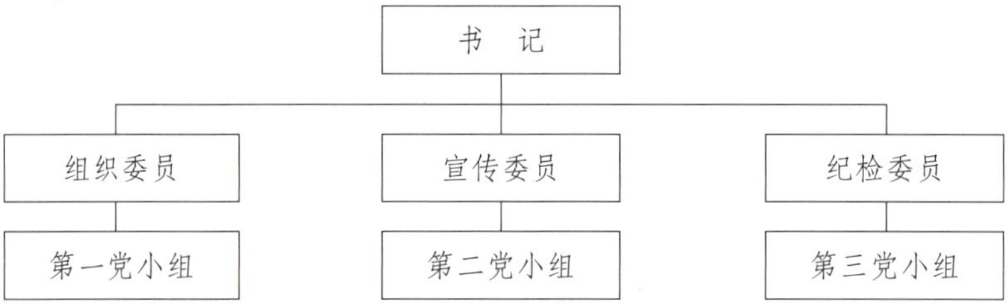

图 3-3　书记和党支部结构图

（四）教职工大会（教职工代表大会）和教育工会

见图3-4。

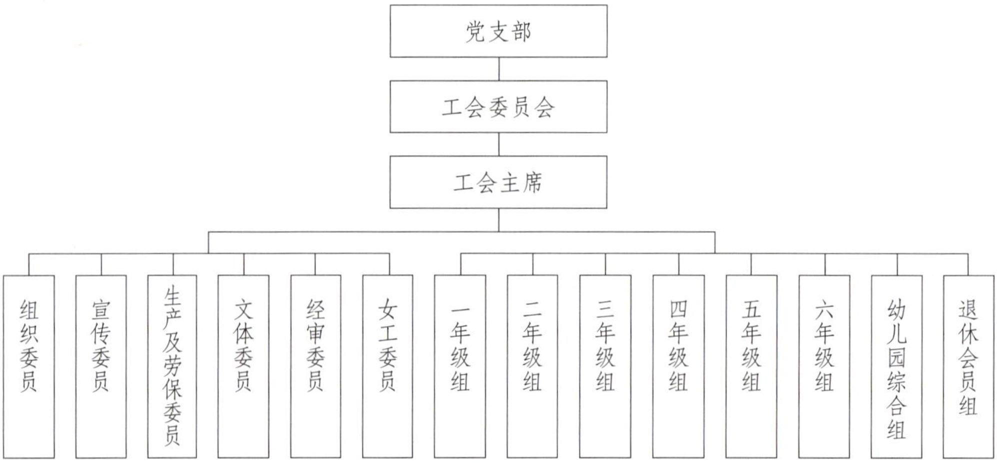

图 3-4　教职工大会（教职工代表大会）和教育工会结构图

（五）校级家长委员会

见图3-5。

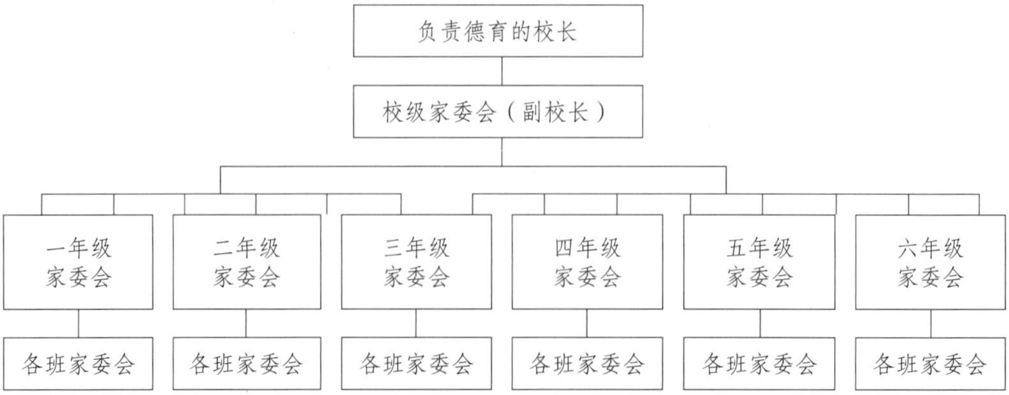

图 3-5　校级家长委员会

三、学校行政会议脉络图

见图3-6。

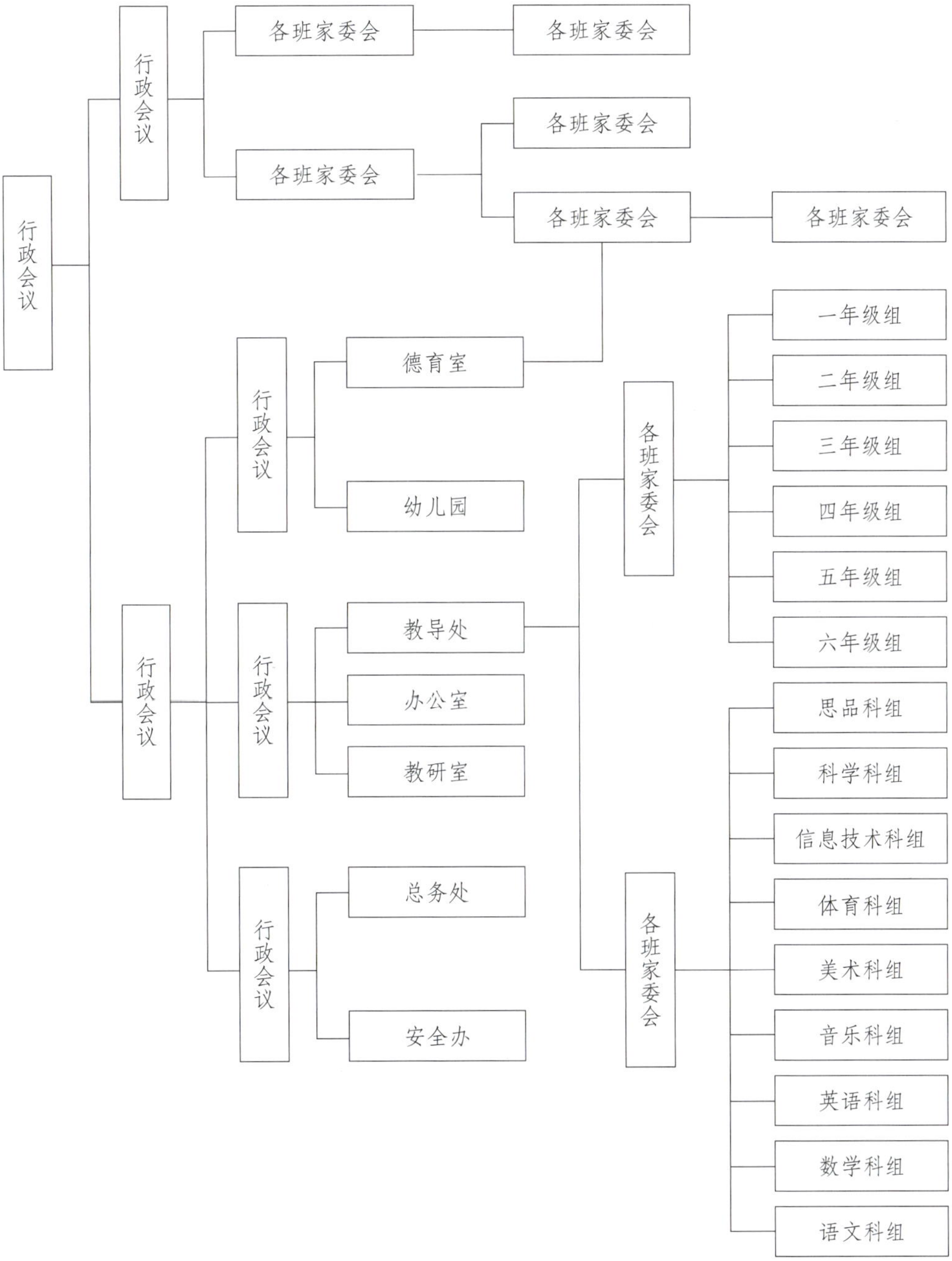

图 3-6　学校行政会议脉络图

第二节　学校行政管理简述

一、管理目标

学校以邓小平同志关于“教育要面向现代化，面向世界，面向未来”的要求为指导，全面贯彻党的教育方针，全面推进素质教育，教育学生学会做人、学会求知、学会健体、学会审美、学会创造，培养“有理想、有道德、有文化、有纪律”、德智体美劳诸方面全面发展的社会主义事业的建设者和接班人。

二、管理原则

学校在“以人为本”的哲学基础上，坚持“立足基础，追求和谐”“正规办学，全面育人”的办学思想；实施“质量、特色”“强师、重管”的兴校方略；实践“德育为首、发展为本”“全面发展、学有特长”的育人理念；继承和弘扬“坚持正气，保持锐气，追求大气”的治校风格，努力把学校办成德阳城区的品牌学校。

三、行为准则（行为规范）

（一）学校的行为准则（行为规范）

（1）学校由德阳市教育局主管。

（2）学校校长由德阳市教育局聘任，并接受上级有关部门和组织的评议、监督和指导。

（3）根据工作需要，学校设副校长3名，副校长受校长委托分管学校行政、德育、教学教研、后勤事务等方面的工作。工会、共青团按相关章程设置和开展工作。

（4）学校校长对学校依法依规进行管理，全面负责。校长是学校的法定代表人。校长必须坚持社会主义办学方向，全面贯彻党的教育方针、政策和国家的法律法规，认真执行上级党政和教育行政部门的决定，对上级主管部门负责，承担管理学校的责任。校长享有国家法律和上级主管部门赋予的权利，对学校行政工作的重大问题有最后决定权和相适应的人事权；同时，必须承担应尽的义务。校长必须遵守民主集中制的原则，依靠党组织，充分尊重教职工主人翁地位和民主管理、民主监督的权利，团结教职工，共同办好学校。

（5）校长定期召开行政会议（原则上每周一次）。会议由校长主持，各部门主要负责人参加（必要时年级组长参加），会议主要研究处理学校日常工作与管理事务，制定周工作计划。行政会讨论的有关教职工的职务、工资晋升、晋级、绩效工资福利等重大问题，须经学校教职工代表大会通过、或报上级有关部门批准方可实施。

（6）学校管理按“系统、规范、务实、高效”的原则，实行分工负责，纵横结合，分级管理。副校长对校长负责，年级组长、教研组长及其他相关部门负责人对校长、副校长和科室主任负责。

（7）学校各年级设年级组，年级组长负责本年级学校有关精神在本年级的贯彻落实，负责本年级教育教学及其他相关工作的协调与反馈，直接接受学校各中层领导的领导。

（8）学校各学科教学以教研组为单位组织实施。各教研组设教研组长，负责学科教学研究和管理。教研组下设年级备课组。

（9）学校宣传、安全综治、招生、体育、卫生、校产等工作，由分管领导任执行组长，相关科室配备人员，并成立链接全校的横向组织实行专项管理。

（二）校领导的行为准则（行为规范）

学校中层干部的聘任参照《党政领导干部任免条例》有关规定执行，根据学校的实际情况，学校内部机构的设置为办公室、德育室、教导务处、教科室、总务后勤处。各科室设正副主任1～2名。其主要职责如下。

（1）办公室主任是校长、书记的参谋和助手，具体负责行政协调和学校宣传、人事、工资福利、编制管理、考核评价、安全管理及有关内部事务。

（2）德育室主任是校长领导德育工作的主要助手，具体负责学校德育工作、班主任工作管理和学生思想政治教育。

（3）教导务主任是校长领导教学工作的主要助手，具体负责学校教学常规管理，同时负责抓好楼、室和场地的管理。

（4）总务后勤主任是校长领导后勤工作的主要助手，具体负责学校钱、财、物的管理，发展校园经济、优化校园建设。

（5）教科室主任是校长领导学校教育科研和教师培训工作的主要助手，具体负责学校教育科研管理。

（三）教师的行为准则（行为规范）

（1）学校尊重法律法规赋予教师的权利，依法维护教师的合法权益。学校根据国家有关规定和学校应尽的职责，保障教职工（含离退休教师）应享有的权利。

（2）学校要求教师履行法律规定的义务，忠诚人民的教育事业，“立德、立功、立言”，不断提高自己的综合素质，努力成为“高学历、高水平、高层次”的优秀教师。

（3）全体教职工必须认真执行一岗双责制度。履行岗位职责，以身垂范，教书育人，严格遵守学校各项规章制度。

（4）学校奖励师德高尚、教书育人、服务育人、管理育人成绩突出的教职工，对有重大贡献者报请上级有关部门表彰、奖励。调整不能履行岗位职责的教职工的工作岗位，辞退不合格的教职工，优化教职工队伍。教职工对学校作出的处理不服的，可依法向上级教育行政部门提出申诉。

四、基本的管理方法

学校实行校长负责制、岗位责任制、责任追究制、奖惩制等制度。

第三节　人力资源管理与开发简述

一、教职工队伍建设

为了深入贯彻落实党的十九大精神，大力培养新时代好教师，办好人民满意的教育，结合德阳市东汽小学的办学实际，制订本方案。

（一）指导思想

以习近平新时代中国特色社会主义思想为指导，全面贯彻党的教育方针，坚持社会主义办学方向，落实立德树人根本任务，遵循教育规律和教师成长发展规律，加强师德师风建设，培养高素质教师队伍，为德阳市经济技术开发区乃至全市教育事业持续、快速、健康发展，提供智力支持和人才保障。

（二）总体目标

以培养造就优秀教师队伍为目标，通过多种方式、多种平台，加大优秀人才培养力度，建立既符合我市整体要求又具有德阳市经济技术开发区特色人才梯队培养长效机制，打造一支师德高尚、业务精湛、结构合理、充满活力的“大先生”队伍。

（三）培养对象、模式及周期

1. 培养对象

德阳市东汽小学在编在岗教师。

2. 培养模式

分类别：教师培养序列为学校优秀教师→骨干教师→学科带头人→名师；班主任培养序列为学校优秀教师→优秀班主任→模范班主任。

分层次：各类人才称号分为校级、县级、市级等层次。

分学段：各层次人才培养按不同学段，分为幼儿园和小学两个学段进行培养；根据学科不同，将语、数、英学科和思品、科学、音、体、美、信息、劳动等学科进行分类考察。

3. 培养周期

从成为一名学校优秀教师开始计算，骨干教师、优秀班主任培养周期为1年；模范班主任、优秀校长、学科带头人培养周期为2年；名师、名校长培养周期为3年；名师、名校长成为本土教育家培养周期为4年。

（四）培养方案

教师队伍培养方案如下。

1. 新教师培养工程

按照习近平总书记提出的“四有好老师”“四个引路人”等要求，帮助新教师进一步巩固专业思想，热爱教育事业，熟悉教育教学环境和教学常规，树立正确的教育观念和新课程理念，提高教育教学能力，促进专业成长；引导他们顺利启航，为将来在教育教学中劈波斩浪、扬帆远行打下坚实基础。

措施：一是帮助新教师确立个人发展目标，制订个人专业化成长发展规划，明确新教师成长的方向；二是组建新教师培训班，根据计划定期开展培训活动；三是采取师徒结对的传统方式，通过校内师徒结对培训，充分发挥骨干教师、老教师的传帮带作用，让新教师尽快成长。

2. 名师、名班主任培养工程

（1）教师队伍建设——名师培养工程。

按照能积极参与教育教学改革实践，并取得一定的成果和经验，有自己的独特教育教学风格，教学成绩突出，在本学科或专业范围内有一定知名度的标准，评选认定校级和培养推荐县级骨干教师。参考区县级评选比例，界定当年学校评选人数。

措施：加强骨干教师队伍建设，开展全校骨干教师评选活动，参加整个区县骨干教师评选活动，培养一批高素质人才，建立个人档案。

（2）班主任队伍建设——名班主任培养工程。

按照能关心学生、爱护学生、理解学生、帮助学生，具有良好的班级组织和管理能力，注重素质教育、甘当人梯的标准，培养一批优秀班主任、模范班主任。参考县级评选比例，界定当年学校评选人数。

措施：为班主任专业发展构建平台，引导班主任制订个人发展规划，采取专题讲座、合作研讨、班会观摩等有效形式，结合当今的教育热点和教学实际，有针对性和导向性地聘请专家学者面对面培训和指导，同时发挥骨干班主任的榜样示范作用，让班主任得到全方位、立体式、多层面的培训，快速形成一支素质优良、管理水平一流的班主任队伍。

（五）职责义务

获得各级各类称号的教师要进一步树立崇高的职业理想，不断更新教育观念，提高教育理论水平，继续完善和更新任教学科知识体系，提高学术水平、教学能力和创新能力，进一步提高自我学习、反思、完善能力和教育科研能力，为今后的可持续发展奠定基础，总结并推广具有个人特色的教学经验。

（1）承担并出色完成所在学校和教育主管部门安排的教育教学和教研任务。

（2）悉心指导、培养新教师，指导学校薄弱教育教学工作。

（3）参与、主持、指导教育教学实验和教育科研工作，在实施素质教育和深化教育教学改革中起带头作用。

（4）为教育主管部门和学校在教育教学改革和管理等方面提供咨询。

（5）积极参加各级学术研讨会、经验交流会和各种评课、赛课、说课、送课活动。

（6）加强师德修养，更新教育观念，参加各种进修学习和培训，不断提高思想政治素质和业务素质。

（六）福利待遇

（1）各类优秀人才称号由学校和教育局分别授予相应荣誉称号，并颁发荣誉证书；已获得市级及以上各类称号的，通过县级考核后，方能享受规定的待遇。

（2）各类优秀人才，在同等条件下优先晋升高一级专业技术职务。

（3）建立优秀人才合理使用和流动机制。在选拔任用教学业务管理干部时优先考虑。在城乡中小学教师流动中，同等条件下，根据工作需要优先考虑各级各类优秀人才。

（4）名师专家指导组、名师工作室以及县市教师职称评审专家人才库成员，原则上从各级各类优秀人才中选拔任用。

（5）优秀人才优先参加各级各类的培训学习。县、市、省及国家级优秀人才，原则上每年组织一次以上的外出专业学习考察活动，经费由局、校分级承担。

（6）按照省市有关规定，落实学术活动工作时间和学术假期。积极参加所在学校、教育局、人才管理办公室统一组织的教学教研业务活动的，视为正常工作并计入个人工作总量，列入所在单位绩效工资考评范围。

（7）学校为优秀人才发挥专业特长提供适当的机会和平台，适时组织各种业务培训、学术竞赛和交流活动，充分发挥优秀人才的辐射和带头作用。

（七）考核管理

1. 年度跟踪管理

一是学校结合“星级教师”评价机制，制订《教师评价方案》及其实施细则，以学校为单位每三年对全体教师进行星级测评，并按不低于0.5%的人数比例实施末位淘汰制度。

二是学校对各类人才实行年度履职情况考核。考核不合格的，取消其称号。

2. 任期综合考评

各类称号按照评选周期，在新一届评选前，对上一届人员进行综合考评，考核优秀者可连任，连任人数原则上不高于70%。

3. 新一届评选

考评结束后，开始新一届评选，评选人数在上一届总人数的基础上增加20%。考评优秀的上一届人员，直接授予相应荣誉称号；新增人员通过评审后，授予相应荣誉称号。

4. 评选时间

各类人才按照培养周期，在7月份完成。

凡有下列情况之一的，应立即取消其称号：

（1）弄虚作假，欺骗组织，骗取称号的；

（2）师德表现差，有损教师形象，造成不良影响的；

（3）不安心本职工作，未经允许，擅自离开工作岗位的；

（4）教学质量差，在学年教学成绩测评中低于学校前30%的；

（5）不能认真履行职责的；

（6）离开教育岗位的；

（7）其他应取消称号情况的。

（八）实施保障

1. 组织保障

学校成立以校长为组长的领导小组，负责教师队伍建设的计划和指导。由教科室根据计划积极开展活动，负责人才队伍的培养、管理和考评工作，制订各类人才培养和发展计划，建立各类人才成长档案，搭建成长平台，促进人才成长。

2. 政策保障

学校根据教师队伍建设的目标和任务，积极会同开发区管委会制定和完善相关规定、制度，明确政策导向，规范各项行动计划并推动实施。

3. 经费保障

进一步完善教师队伍建设经费投入机制，设立教师队伍建设专项经费，并做到人均培训经费逐年增长。继续多渠道筹措专项奖励基金，用于各级各类优秀人才和教师队伍建设成效显著学校的奖励。

4. 监督保障

在学校党支部的领导下，学校工会、职工代表大会依法对教师队伍建设进行监督。

二、教学常规制度的制定

为了进一步加强学校教育教学管理，全面贯彻党的教育方针，实施素质教育，提高教育教学质量，根据《基础教育课程改革纲要》《小学管理规程》，结合我校实际，特制定以下教学常规制度。

（一）备　课

备课包括制订教学计划和编写教案。学校一切教学活动（学科教学、特长辅导）均须备课。

1. 制订教学计划

学期教学计划是把一个学期的教学任务进行安排，以便有计划、有步骤地开展教学活动。制订计划之前，教师必须做到三个熟悉：熟悉课程标准、熟悉教材、熟悉学生。教师要把握课标精神和年段教学要求，了解全册教材的内容、编排体系、单元训练重点以及各单元在全册教材中的地位和作用，了解学生的生理心理特点和知识现状，制订有针对性的、切实可行的教学计划。

教学计划按年级分科制订，先由教研组长组织全组教师共同讨论，再由任课教师结合班级（年级）实际情况进行制订。

教学计划一般包括以下几项内容：

（1）学生情况分析；

（2）学期教学总要求；

（3）教学重点、难点；

（4）教学具体措施；

（5）教学进度安排。

2. 编写教案

教案是教师实施教学活动的具体方案。上课之前，教师必须在了解学生、钻研教材、参考最新教学信息的基础上选择教法，编写教案，不得上无准备之课、无教案之课。

教案一般包括以下几项内容：

（1）课题或教学内容；

（2）教学目的要求；

（3）教学重点、难点；

（4）教具准备（含课件）；

（5）预习要求；

（6）教学过程；

（7）板书设计；

（8）作业设计；

（9）上课后应写教后心得。

备课时，既要有单元备课，也要有课时备课。单元备课的内容包括单元教材分析、教学要求、训练重难点、课时分配等。

对教师的备课实行分层要求，讲求实效。要求项目齐全、字迹工整、条理清楚、重点突出，板书设计简练、美观、适用。新教师、青年教师应备详案，小学一级教师及以上资格的教师可以备略案。

学校提倡教师充分利用先进的手段获取教育教学资源，但不能以此取代文本教案。

提倡集体备课，各学科教师要采取多种途径，集思广益，互通有无。

建立优秀教学资源收集制度。每期教师的公开课、竞赛课、开放课、研究课、示范课等教案、课件上交，不断充实学校教学资源库。

学校建立学月教案检查评比制度，采取教研组全面检查与教导处抽查相结合的形式。每学期检查四次，检查结果与奖励性绩效挂钩。

（二）上　课

课堂教学是整个教学工作的主要形式，教师要认真上好每一堂课，努力提高课堂教学质量。具体要求做到以下几点。

（1）必须按照课程表行课和作息时间上、下课，不得旷课、随意换课、停课、更改教学内容、找人代课。教师因公、因私课程变动必须通过教导处。

（2）严格代课制度。教师因公课程变动原则上三天之内自行换课，三天及三天以上由教导处安排代课。年级组长要认真核实、登记教师代课情况，月末教导处将进行审查。

（3）严格上课纪律。上课时不迟到、不早退、不会客、不接（打）电话、不抽烟、不坐教，中途不离开课堂；下课要按时，不能拖堂。

（4）在课堂上，应当情绪稳定，精神饱满，教态亲切自然，仪表整洁大方，不浓妆艳抹、穿金挂银、着奇装异服。

（5）用普通话教学，要求语言规范、生动、流利。

（6）要认真进行组织教学，保证良好的课堂纪律。

（7）尊重学生，不谩骂、嘲笑、挖苦学生。坚持贯彻《义务教育法》和《未成年人保护法》，严禁体罚和变相体罚学生。

（8）让学生活起来、动起来，构建扎实高效、充满生机与活力的课堂。教师要面向全体，注意突出学生的主体地位，激发学生的学习兴趣，更新教学手段，改进教学方法。

（9）学校建立检查性听课制度和学生评教制度。学校领导不定期深入课堂，了解教师上课情况和学生学习情况，定期组织学生对教师上课情况进行调查、评价。检查、调查结果与奖励性绩效挂钩。

（三）作业布置与批改

（1）课内外作业的设计要遵循“精、活”的原则，注意作业的针对性、实效性和科学性。既要加强“双基”的训练，又要注重能力的培养。作业形式要多样化，使学生有动脑、动口、动手的机会，加深理解，提高实效。杜绝机械重复性的作业。

（2）布置作业要适度。要切实减轻学生过重的课业负担，坚决反对“题海战术”。课堂作业必须在课内完成。周末作业提倡布置实践类作业，一、二年级不布置书面作业，三、四年级书面作业总量原则上不超过1小时，五年级书面作业总量原则上不超过1.5小时，六年级书面作业原则上不超过2小时。

（3）要严格要求学生按质按量按时完成作业。要特别注意培养和训练学生从小养成小心审题、书写工整、格式规范的良好习惯。

（4）作业要认真及时批改。提倡当天作业当天批改；课堂作业、家庭作业都要全批全改；期末复习题可采取抽查、集体订正和小组互改等形式。要及时指出作业错误，批语要多鼓励学生，多教给方法并启发、督促学生自行改正。作文评改要注意培养学生修改作文的能力，养成自觉修改文章的习惯。对少数作业差错多的学生要面批面改，有针对性地进行辅导。

（5）要重视作业的讲评。要对学生的作业全面了解，掌握典型，及时评讲，查缺补漏。对于后进生，要热情帮助，耐心指导。

（四）学业辅导

（1）教师要注意发掘对学有余力、能力突出的学生，要想办法解决他们“吃不饱”的问题。要启发学生的求异思维，引导学生别出心裁、创造性完成作业，不断丰富他们的知识，提高他们的能力。

（2）对学习基础差的学生，教师要热情关怀，耐心辅导，及时帮助他们找出原因、改进学习方法，不断增强他们的自尊心和自信心，解决他们“吃不了”的问题。坚决反对厌恶、排斥、歧视、放弃后进生的做法，要充分利用课余时间，加强对后进生的个别辅导。对待后进生要坚持以鼓励为主，要善于发现他们的“闪光点”，对他们的优点和进步要充分肯定，鼓励他们迎头赶上。

（3）学生因故缺课教师要及时补课。

（4）为了对学生进行有针对性的辅导，教师要进行家访或电话访问，深入学生家庭，了解学生在家的学习环境、学习习惯、时间安排等具体情况，以便有的放矢地帮助学生解决具体问题，改进学习方法。

（5）教师要建立学生个案，全面分析学生的智力和非智力因素，了解学生的家庭情况，并采取措施，促进学生不断进步。

（6）学校开展特长辅导活动，发展学生个性和特长。

（7）教师不得随意停其他课对学生进行补课和个别辅导等。

（8）学校建立学科竞赛奖励制度，对在各种竞赛活动中取得优异成绩的指导教师进行奖励。

（五）考核与评价

学校建立以《素质报告册》为核心的学业考核评价系统，力求体现评价的整体性和综合性，形成性评价和终结性评价相结合，定性评价和定量评价相结合，师评自评互评相结合。

1. 平时考核

教师要对学生平时上课听讲、回答问题、质疑、课堂作业、书写及能力发展等学习情况进行评价，及时将情况反馈给家长。教师还要注意收集反映学生成长历程的作业、照片、证书等重要资料。

2. 期末考试

采用旌阳区教科所统一试题考试，严格考试制度和考试纪律。期末考试试卷评改采取交叉阅卷，流水作业，增加考试的信度。期末考试后各任课教师应认真分析试卷，填写教学质量分析表，班主任填好学生素质评估报告册。

（六）学生课堂常规

（1）上课前要把学习用品准备好。同桌学生课本分别放在课桌的左右两上角。文具盒横放在课本左右间，与课桌外边平行。

（2）上课预备铃响，学生有秩序地进教室坐好，静候老师到班上课。

（3）不迟到、早退，迟到学生经老师允许后，方可进教室就座上课。因病因事不能上课需请假。

（4）上课时要坐端正。发言要精神饱满，口齿清楚响亮，说普通话、完整话。

（5）上课时要集中注意力。积极思考，不随意讲话，不做小动作，不擅离座位。

（6）读书写字要坐端正，读书时两手拿书本下角，视线保持45度左右，眼与书本距离保持一市尺。写字做到“头正、身直、臂张、足安”，眼离簿本一尺，手离笔尖一寸，胸离课桌一拳。

（7）课堂作业完成后，随即仔细检查，然后在座位上看书或复习功课。

（8）作业要认真、按时、独立完成，不懂就问，不抄袭，不草率，字迹端正，符合书写规格，错误要及时订正。课本要保持清洁，不卷角，不破损，不缺页，不涂脏。

（9）下课铃响，老师宣布“下课”，学生安静且有秩序地退出教室。

（七）代课制度

（1）教师因私事请假不够1天的，可自行换课，不产生代课；教师因私事请假1天及以上的，如涉及换课，由年级组长安排代课。

（2）教师因公耽误课程，3天以内自行换课，不产生代课；超过3天的，由年级组长安排代课，并报教导处。

（3）代课安排程序。产生代课时请缺课教师在教导处领取《代课申请表》并如实填写，经教导处审查签字后将代课情况通知年级组长，再由年级组长安排代课（安排代课教师栏由年级组长填写），安排落实后将申请表返回教导处。

（4）教师代课学校给予一定的代课费。

（八）教职员工考勤和请假制度

1. 考勤制度

（1）学校实行坐班制。

（2）学校常规考勤工作由年级组长实施，学校办公室不定时进行抽查。

（3）学校集会或开展集体活动，由办公室或组织者实施考勤。

2. 请假制度

（1）事假。

事假根据学校奖励性绩效工资方案与绩效挂钩。年累计事假过长的，根据国家和上级相关规定执行。

教师因私不能到校上班（或离校），须按程序履行请假手续。

①请假时间不足半天且无具体教育教学任务的，可口头向年级组长请假，年级组长进行登记；请假时间不足半天但需调课的，先口头向年级组长请假，并将调课情况报教导处备案，年级组长和教导处均要进行登记；在不影响工作的前提下，教师因私中途出门办事，须由年级组长在出门条上签字同意，学校门卫方可放行。

一月内累计时间不超过6小时的，不计事假。

②请假时间在半天和半天以上的，须具备书面请假手续。请假时间为半天的，在学校办公室请假。请假程序为：年级组长签字同意→分管处室签字同意（教学人员全部由教导处签批）→办公室签字同意，由学校办公室登记备案。

③请假时间为1天的，向分管副校长请假（教学人员全部由分管教学的副校长签批）。请假程序为：年级组长签字同意→分管处室签字同意→分管副校长签字同意（教学人员全部由分管教学的副校长签批），由分管副校长及时将请假条转学校办公室登记备案。

④请假时间在1天以上的，向校长请假。请假程序为：年级组长签字同意→分管处室签字同意→分管副校长签字同意→校长签字同意，由校长及时将请假条转学校办公室登记备案。

⑤教师因装修房屋需请假的，需提前一周在学校办公室登记装修期限，每月控制在4个半天之内，不计入事假，但需按上述程序履行请假手续（此项仅作为临时规定）。

因情况特殊不能及时履行书面请假手续的，可按要求先电话请假，事后补请假条。

（2）病假、产假、婚假、丧假。

请假程序同事假。病假根据学校奖励性绩效工资方案与绩效挂钩；病假、产假、婚假、丧假请假超过国家和上级有关规定的，视作事假。长期病假的，根据国家和上级相关规定执行。

教师员工未履行请假手续的，不足半天且不影响教育教学工作的，计为迟到或早退；不足半天又对教育教学工作造成影响的，计为旷工。迟到、早退和旷工根据学校奖励性绩效工资方案与绩效挂钩；情节严重的，根据国家和上级相关规定执行。

第四节　学校课程体系建设与教学改革简述

落实立德树人根本任务，在办学核心理念指导下，用三年时间完成课程体系建构，形成符合本校实际及具有本校特色的课程方案、课程标准、教学模式、教学评价等，为培养健康、聪慧、温暖的时代新人提供有力支撑。

一、学校课程体系建设简述

在办学核心理念的指导下，学校形成了“紫荆花教育”的主题、“融优秀文化，创美好未来”的课程理念和“健康、聪慧、温暖的时代新人”的学生培养目标，在此基础上开展学校课程体系建设。

围绕课程理念，形成了“紫荆花教育”课程体系。学校是香港特别行政区政府援建的，紫荆花是香港特别行政区标志，寓意东汽小学不仅感恩香港特别行政区政府的援助，更扎根于中华五千年的优秀传统文化土壤，放眼广袤的世界和孩子们美好的未来，培养有“人类命运共同体”情怀、长远目光的、“健康、聪慧、温暖”的时代新人。

二、学校教学改革简述

学校的课程要落实立德树人的根本任务，突出“紫荆花教育”的核心要义，培养“健康、聪慧、温暖”的未来人才，必须把课堂教学作为主阵地。怎样在这一主阵地上打一个漂亮的战役，教学策略是关键。学校将继承教育教学理论的精髓，结合“紫荆花教育”的核心要义采用以下几种教学策略。

（一）自主学习策略

自主学习是指主动、自觉、独立的学习。它不仅有利于学生提高学习成绩，而且是个体终身学习和毕生发展的基础。

自主学习策略为学校培养“会学习”的未来型人才提供了路径。学生通过主动、自觉、独立的学习，养成良好的学习习惯，总结高效的学习方法，学会学习，使其自身形成适应终身发展和社会发展需要的必备品格和关键能力。

（二）合作学习策略

合作学习策略是指主要以学习小组为教学活动的基本单位，通过小组内成员的分工协作达成小组的共同目标，并以小组活动的整体效果作为教学评价的主要指标的一种教学策略。

学校“紫荆花教育”理念强调：“和谐共生，在学科融合中实现人的全面发展。”小组合作给我们的学生搭建了一个人际交流的平台，孩子们在小组合作中发表自己的意见，互相学习、互相帮助，和谐共生，成长为真正的新时代人才。

合作学习策略，旨在引导学生主动参与、乐于探究，培养学生搜集和处理信息的能力、获取新知识的能力、分析和解决问题的能力以及交流与合作的能力等，从而让学生真正具备善于求真求实的素养。

（三）联系生活教学策略

联系生活教学策略是指通过教学活动直接或间接地反映生活，通过生活实践让学生有效掌握知识技能、提高智力和发展个性的教学策略。

联系生活教学策略让学生将理论知识和生活实践联系起来，在知识的构建过程中达到人与社会的和谐、人与自然的和谐。联系生活教学策略遵循教育规律和学生身心成长规律，调和滋润教育方式，追寻深度教育的紫荆花境界，使学生得到可持续发展。

（四）“探究—发现”教学策略

“探究—发现”教学策略是指学生在教师的引导下，通过对事物现象的探索研究，获得有关该事物现象的本质及关于现象间规律性联系的知识，发展智力，特别是抽象逻辑思维能力的教学策略。学生的探究活动始于问题，而问题产生于学生对教师创设情境的仔细观察。这就要求创设的情境对学生具有符合教学活动要求的认知意义，即学生的认知结构中具有与问题相适应的观念，而且学生的已有观念又不能对情境作出完全理性的解释。

“探究—发展”教学策略旨在引导学生学会探索学习，从而提高学生的思维能力和整合能力，即教育要学以致用，培养会探究、能创新的未来型人才。

（五）自我管理策略

自我管理策略是指教给学生改变自己行为的方式方法。主要步骤为：教给学生行为的原则和技巧；教给学生自我估计的步骤；制订自我管理、自我决断、自我指导的计划；实施和修改自我管理计划；避免不良的随机行为。

自我管理策略旨在培养学生的自我管理能力。在自我管理能力形成的过程中，从他律到自律再到律他，不断寻找更好的自己，让自己身上散发知识、能力的光彩，照亮自己发展的道路。

（六）“互联网+”教学策略

“互联网+”教学策略是指巧妙地运用互联网技术，给学生创造优良的网络学习环境，让线上、线下都成为学生学习的场所。

“互联网+”的教学策略旨在营造适合学生学习的网络环境，落实学校倡导的

“知识在指尖”的学习方法，培养学生数字化学习习惯、整合信息的能力，提高学生的信息素养，使学生成为能创新、能创造、能适应未来社会需要的全面发展的人才。

第五节　公民教育简述

为认真落实立德树人根本任务，解决好“培养什么人、怎样培养人、为谁培养人”这个教育根本问题，德阳市东汽小学传承和发扬中华优秀传统文化精髓，贯彻落实习近平总书记“要扎根中国大地办教育”的理念，确立“扎根传统，放眼未来”的办学核心理念，构建“紫荆花教育”体系，培养“健康、聪慧、温暖”的时代新人。根据《德阳市教育局推进市直属中小学五大体系建设的指导意见》，特确立公民教育方案。

一、公民教育体系建设的背景

公民资格概念的出现最早可以追溯到古希腊罗马时期。在古希腊和罗马，公民的本意是“属于城邦的人”或“组成城邦的人”，这是一个超越血缘关系、王权专制的带有普遍性的法律资格的概念。今天我们说某人具有公民资格，即说他是某一个公民群体（即政治国家）的成员，并与这一群体中的其他成员具有平等的地位。也就是说，公民资格概念关涉两个维度：一是公民与国家或政治共同体的关系，二是在该国家或共同体内公民之间的关系。

国际21世纪教育委员会向联合国教科文组织提交的报告《教育财富蕴藏其中》强调：“对于学生来说，公民教育是一个整体。它既包括承认价值观，也包括获取知识和学习如何参与公共生活。”显然，公民教育的重要使命是为人们学会参与公共生活做准备，使之成为积极的、有见识的公民。

公民教育作为一种主体性教育直指人的精神内核，是为了人的教育，为了社会的教育，为了国家的教育，是构成民主法治国家制度和社会主义现代化建设的心理基础和思想基础。大力加强公民意识教育，加强公民教育体系建设，有利于提升我国的综合国力，有利于推进社会主义民主政治建设，有利于构建社会主义和谐社会。

（一）国际背景

公民教育源于古希腊，通过公民教育培养公民爱国主义精神和基本的民主素养。中世纪的公民教育受控于教会，渗入了宗教内容。文艺复兴以后，逐渐摆脱宗教束缚，但强调王权—臣民关系。17、18世纪资产阶级革命确立民主制度以后，公民教育逐渐走向民主制度教育。

1995年在布拉格召开的国际公民教育大会上，成立了非政府性质的国际组织“公民教育国际”，推出多种公民教育计划，促进公民教育活动在国际范围内开展。2000年“世界民主论坛”在波兰召开，联合国秘书长安南和一百多个国家的政要出席此次会议。会议发表了《华沙宣言》，明确把“开展公民教育”作为与会国共同的追求目标。

进入21世纪，公民教育逐渐成为一个世界性的教育主题，在世界许多国家得到复兴和强化。但各国国情不同，现代公民教育理念在不同国家的实现具有不平衡性。

美国自1983年发表《国家处于危险之中》这一报告以来，许多教育界人士一直都在提倡加强公民教育教学，以培养学生的公民态度和提升他们的公民参与水平。美国公民教育中心还为此制定了《公民科和政府科的国家标准》。

在英国，1998年，由贝尔纳·科瑞克（Bernard Crick）领导的“学校公民教育与民主教学咨询小组”发表了《科瑞克报告》，提出了关于英国中小学公民教育的建议。2000年的英国中小学课程改革基本采纳了《科瑞克报告》的建议，将公民教育作为国家法定科目正式引入中小学。2002年，英国开始在中学阶段开设公民课，并将之作为非核心基础的必修科目之一，要求所有中学生学习英国政治和法律制度，并鼓励他们领会英国的民族、宗教和族裔认同的含义，以及英国与欧盟、英联邦以及世界其他国家的关系的重要性。

俄罗斯在沙皇俄国时期没有“公民教育”。到苏联时期，共产主义思想品德教育成为公民教育的主旋律。苏联解体后，1993年出版的俄罗斯《教育百科全书》中首次出现“公民教育”词条，标志着现代意义上的公民教育概念在俄罗斯确立。进入21世纪，俄罗斯联邦的公民教育经过多年的探索与实践，更趋于理性化。同时，俄罗斯国家公民教育中心在《公民教育理念》中，对公民教育有了更权威、更具代表性的表述，即公民教育是向学生传授专门知识的过程，以形成基本的社会综合知识，有利于学生掌握积极的社会经验，并强调公民教育是建设民主社会和法治国家的途径。

澳大利亚政府从20世纪80年代开始就把学校公民教育问题列为政府工作的重点。1994年组织成立澳大利亚公民学专家小组，专门制订公民教育发展规划；1997年开始启动一个4年全国公民教育计划，以帮助学生发展并强化澳大利亚公民认同。自21世纪以来，澳大利亚在注重培养小学生对公民知识的理解和参与社会生活的技能的同时，强调公民教育评价的重要性，检查学生作为积极公民所应具备的公民知识、理解力、技能和价值观。这是澳大利亚小学公民教育方面的新动向，值得我们关注和重视。

墨西哥于1993年对基础教育进行改革，在小学新设“公民教育”课，在中学设置“公民和伦理教育”课。

此外，日本、新加坡、西班牙、意大利、匈牙利等国，在其进行的课程改革中，也都把加强公民教育作为一项重要内容。

（二）国内背景

在我国，人们更熟悉的是“人民”一词，对“公民”则较为陌生。我们一直都是讲德、智、体、美、劳五育，德育就是育德，使人懂道德、内化道德、践行道德。在实际工作中，它包括道德教育、法制教育、思想教育、政治教育、心理健康教育等。

自2000年《公民道德建设实施纲要》颁布之后，公民教育也被提出。我们虽然已经开始进行公民教育研究，但并没有真正意义上的公民教育课程。伴随中国现代化进程的不断深化，特别是进入21世纪以来，越来越多的学者和有识之士强调实施公民教育的必要性。

目前，公民教育还未出现在中小学课程计划中，但品德与社会课的理念主张以及教学内容的设计，在一定程度上体现了当前公民教育的基本主张和社会需求，是我国新时期公民教育课程建设的初级阶段。

首先，将“为培养社会主义合格公民奠定基础”的目标写进课程，反映了改革开放背景下社会主义民主与法制社会对公民培养的迫切需要。目前，我国与公民教育直接相关的课程大致可分为两类：一类是思想政治教育课程，也就是德育课程，着眼于学生远大理想和正确世界观、人生观、价值观的教育；另一类如历史、地理等，按照学科体系组织学习，注重的是陈述性知识的学习和掌握，基本上是“唯智主义”的。上述课程一定程度地承担了公民教育的责任，但因为几十年来我国并未明确提出公民教育的问题，也没有建设公民课程的意识，所以，其公民教育意义上的课程价值并未受到重视。改革开放的大潮推进了中国民主与法制的建设，更给肩负着培养未来社会公民的学校教育提出了新的课题和更高的要求。品德与社会课旨在培养具有参与现代社会生活能力的合格公民，其标志着我国公民教育课程的大门开启了。

其次，倡导以道德教育为核心的公民教育，是公民教育在我国本土化过程中最显著的标志。如何进一步明晰公民教育与道德教育的关系，防止偏离和窄化课程地位的问题至关重要。概观世界各国的公民教育，可以看到现代的公民教育既有个人自由主义的，也有公民共和主义的；既有强调以人权为基础的公民教育，也有强调以道德为基础的公民教育。随着时代的发展，人们倡导恢复参与公共事务的公民教育正成为主流。

再次，倡导运用体验、探究和解决问题等多种学习方式，力图将知识学习和讨论、参与实践结合起来，体现主动学习的公民教育思想。多种学习方式的引入，学生参与学习方式的多样化，不仅能激发学生的学习兴趣，而且构建了一种不同于以往的社会空间和人际关系环境。多种社会认识的沟通和信息的交融对于学生形成独立的思考和判断能力、作出选择和决定都是至关重要的。今天课堂中的主动学习就是未来主动参与社会生活的初步体验。但是仅凭一门课有限的时间、空间是难以解决学生认识与实践、被动与主动的关系这一公民教育难题的。要把品德与社会课的学习与综合实践活动、社区体验活动、少先队活动、班级活动等有机地结合起来，还有赖于学校组织管理以及校内外教育网络的建设。在实践中怎样形成符合主动学习的新的教学策略以及怎样加强课内外沟通，都还需要摸索。

最后，教育部门和学校还需要采取有效的措施来提高家长对创造良好家庭环境重要性的认识，提高家长参与孩子教育的热情、技能和水平，保证安静、稳定的家庭环境并使他们在教育孩子的实践中更加自信、更有效果。同时，家长要真正配合学校实施公民教育，即让学生在全面、和谐发展的基础上形成整合性品质和素养并凸显个性，使其全面发展。

（三）学校原有公民教育体系建设基础

学校把《国家中长期教育改革和发展规划纲要（2010—2020年）》中提出的“育人为本，德育为先”作为实施教育的主导思想，遵循教育规律和学生身心发展规律，坚持“德育为先、五育并举、因材施教”，促进学生全面发展。在教育学生的实际工作中，我们主要对学生开展思想教育及行为规范教育等。目前，我们学校使用的思想教育教材是国家规定的德育类教材《道德与法治》《生命·生态·安全》等。

在德育日常工作中，我们坚持以创新为动力，以养成教育为核心，以加强班主任队伍建设为重点，以强化班级管理为突破口，以丰富多彩的活动为抓手，促进学生全面发展。前期德育工作的开展，也为公民教育体系建设打下一定的基础。

（1）德育机制健全完善。结合学生实际情况，统筹安排德育工作内容，确定各年级教育工作重点，形成了“时时育人、处处育人、人人育人”的模式。

（2）德育活动丰富多彩。以“四节两周一讲坛”为框架，在丰富多彩的活动中进行思想浸润。从2018年起，我们在全校开展“大美中国，幸福东汽”主题教育活动，各班围绕这一主题，开展了丰富多彩的班级文化建设。在活动中，孩子们深入了解了各地的风土人情，真正做到心怀祖国、放眼未来。

（3）三方共育扎实有效。构建学校、家庭、社区“三位一体”的教育格局，形成了以学校教育为中心、家庭教育为基点、社会教育为依托的“三位一体”德育管理网络。各级家委会积极参与学校事务，为学生成长贡献力量。家长、学校工作推进有序。

二、公民教育体系建设的意义

（一）对学生终身发展的意义

加强公民教育，增强人们的公民意识，是提高民族素质的重要途径。培养公民意识，也就是要培养人们能够尊重自己和他人的权利、尊严和价值，能够勇于维护自己的权利。在公民教育中，激发学生的社会责任感，培养他们有效参与政府管理的知识和技能，提高他们对公民参与政府管理重要性的认识，加深他们对国家法律和政策的理解，帮助他们形成健康、积极、互助的人生态度，进而成为有社会活动经历、知识和技能，有法制观念、意识和社会责任感的公民，具有健康生活、遵守规则、学会尊重、担负责任、拥有诚信和爱心等公民基本素养。

具体来说，一是在实践活动中帮助学生认识关注社会，应该从身边的日常小事做起，逐步增加小公民意识。关注社区的公共问题，了解相关的公共政策，以自己小公民的角色立足社会、体验生活。通过他们实践的过程，传播公民知识，培育公民意识，张扬公民权利，呼唤公民责任。二是通过社会实践、问题研究的活动过程，培养学生观察问题、思考问题的能力，培养学生参与社会生活和实践的能力。

（二）对推动教师专业化成长的意义

公民教育体系建设需要全体教师全程参与，这有助于教师确信自己有能力构建知识体系并通过实践改进。尤其是中小学教师，他们的职业形象只有通过自己的行动来树立科研的意识与态度，积极参与到教育科学研究中来，才能成为不仅具有崇高的社会地位，而且具有崇高的学术地位的学者型、科研型教师。

（三）对学校可持续发展的意义

将对学生的思想道德教育上升到公民教育的高度，统领学校德育教育方面的系列活动，形成鲜明的、科学的学校德育教育活动特色，有助于提升学校的办学文化品位，焕发学校生命的活力。

三、几个文化要素

（一）校徽、校歌、主题墙、主题活动等

1．校徽

东汽小学校徽的设计以象征香港特别行政区的紫荆花为主要元素，形状与香港特别行政区标志接近，结合东汽集团生产的发电机转子，不断向远方延伸的外形……寓意东汽小学不仅感恩香港特别行政区政府的援助，而且扎根于中华五千年的优秀传统文化土壤，放眼广袤的世界和孩子们美好的未来，培养有“人类命运共同体”情怀、有长远目光的、“健康、聪慧、温暖”的时代新人。见图3-7。

图 3-7　校徽设计

2. 校歌

2018年，东汽小学校歌《紫荆花开》问世。

曙光山，白云外
绵远河，天上来
山高水长，情暖心怀
念念不忘，你的抚爱

旌湖畔，春常在
紫荆树，站成排
小小少年，立志成才
扎根传统，放眼未来

紫荆花儿开，朵朵都可爱
心与心相通，把梦汇成海
紫荆花儿开，朵朵都精彩
爱与爱相拥，转动新时代

歌曲很好地结合了学校历史、地理、发展等要素，课程理念“扎根传统，放眼未来”被孩子们天天传唱，深入人心，寄寓孩子们在美好新时代健康快乐成长的愿望。

3. 主题墙

学校围绕办学核心理念“扎根传统，放眼未来”打造文化主题墙，让孩子们浸润在这样的理念中，明白自己从何而来、思考去向何方，学会放眼祖国未来，放眼人类的未来。

在教学楼中庭建成了“扎根传统，放眼未来”主题雕塑，中国地图提醒师生胸怀伟大祖国，校歌《紫荆花开》让师生享受在东小幸福学习生活的每一天。习近平总书记提出的“要扎根中国大地办教育”是我们办学的宗旨，邓小平同志提出的“三个面向”指明了我们发展的方向。

4. 主题活动

近年来，德阳市东汽小学围绕“大美中国，幸福东小”开展了一系列主题活动。从2018年起，学校推出“大美中国，幸福东小”之“绿水青山话中国”主题教育活动，培养孩子爱祖国、爱家乡、爱学校之情感，从小胸怀祖国、热爱祖国，立志报效祖国，放眼未来，成长为“健康、聪慧、温暖”的时代新人。

（二）公民教育理念

融古汇今，立公修身。

释义：融合汇聚古今中外先进的教育理念、思想，培养自主修身、胸怀家国的时代新人。本理念与学校办学核心理念“扎根传统，放眼未来”一脉相承，与育人目标——培养“健康、聪慧、温暖”的时代新人完全契合。作为新时代的少年儿童，应立己修身，胸怀家国。

（三）公民教育目标

1. 公民教育总目标

在“紫荆花教育”理念引领下，培养具有健康、聪慧、温暖的时代新人。

2. 各学段、年级段或年级目标

（1）小学低年级段目标。

笃志：有主动参与的意识。

尚美：能分清好坏、美丑。

慎独：逐步学会独立完成自己的事。

（2）小学中年级段目标。

笃志：积极参与各种有益的活动。

尚美：能明辨好坏、美丑。

慎独：能独立干自己力所能及的事。

（3）小学高年级段目标。

笃志：能在严格律己的基础上律他。

尚美：能明辨好坏、美丑，有自己的评判标准。

慎独：独立完成自身职责，学会反思。

3. 三维分目标

（1）知识与技能分目标。

（2）过程与方法分目标。

（3）情感、态度、价值观分目标。

四、公民教育原则

（一）坚持政治引领的原则

1. 坚持中国共产党的领导

贯彻党的教育方针，坚持马克思主义指导地位，坚持中国共产党的领导，贯彻落实习近平新时代中国特色社会主义思想。

2. 坚持社会主义办学方向

落实立德树人的根本任务，坚持教育为人民服务、为中国共产党治国理政服务、为巩固和发展中国特色社会主义制度服务、为改革开放和社会主义现代化建设服务。

（二）坚持以学为本的原则

1. 重视个性差异，因材施教

从学生的实际出发，使教学的深度、广度、进度既适合大多数学生的知识水平和接受能力，又照顾到所教学生的个性特点和个性差异，使每个学生都得到充分的发展。

2. 树立学生主体意识，革新方法

尊重学生的学习主体意识，激发学生自学探究的兴趣，拓展自学探究活动空间，培养学生创新思维能力。

3. 保护学生求知欲，因势利导

创设适宜的环境（自然环境、问题情境、情绪气氛），激发学生的好奇心和求知欲，引起学生对学习的浓厚兴趣，因势利导，顺学而教。

（三）坚持自主管理的原则

1. 他律、自律、律他

他律是指接受他人约束，接受他人的检查和监督，是一种外在的制约。

自律是指靠自身约束从而达到一定的效果。在没有人现场监督的情况下，通过自己要求自己，变被动为主动，自觉地遵循法度，约束自己的一言一行。

律他是指友善提醒、正面帮助、敢于惩恶，是一种社会责任。

引导学生做到“三律”统一，严于律己、善于他律、勇于律他，从他律到自律，从自律到律他。

2. 自主成长

给学生独立思考的空间，教会学生自我管理，促进学生自主管理能力的提高。

3. 主动发展

主动发展是素质教育的本质属性之一，主体性的体现是素质教育的灵魂。调动学生学习的积极性和求知欲，让其主动发展，是肯定个性发展的需要。

（四）坚持知行一致的原则

1. 理论与实践相结合

强调体验和实践，在“知行统一”上下功夫，引导学生按规律来办事。通过一定的教学情境、丰富的社会实践活动，帮助学生积累公民活动经验，让学生在实践中体验、感悟，逐步提高自己的公民素养。

2. 知识的学习与能力的培养相结合

知识的学习需要培养逻辑记忆，而培养逻辑记忆必须以发展儿童的思维活动为前提。教师应该有意识地将教授知识和培养思维能力相结合，让学生实现知识与能力的双丰收。

3. 学习与探究相结合

“接受学习”与“探究学习”是现代小学课堂两种重要的学习方式。教学中应正确处理好两种学习方式的关系，使两者真正做到“你中有我、我中有你”，充分发挥其整体功能，实现优势互补，真正提高小学课堂的实效性。

（五）坚持多方统筹的原则

1. 坚持学校、学生家庭、社区统筹的原则

以学校教育为主体、以家庭教育为基础、以社会教育为依托，融合多方资源，搭建协调育人平台，构建多元合力育人体系。

2. 坚持德育专门课程与其他学科课程渗透德育的原则

学校教育是社会主义核心价值体系建设的奠基工程，是提供全民族思想道德素质的基础性教育，是培养造就合格公民的关键点。落实人人都是德育工作者的理念，将德育贯穿于学校教育的全过程，渗透在智育、体育、美育、劳动教育中，这对学生健康成长和学校工作具有引导、激励和保障的作用。

3. 坚持德育常规活动与德育专题活动相统筹的原则

以课堂为主阵地，以活动为主载体，注重纵横向，融通课内外，实现“我与自然、我与社会、我与自我”的和谐共融。

五、公民教育内容

（一）社会主义核心价值观教育

1. 国家层面

富强：人民富裕，共同富裕；国家强盛，国民健康；又富又强。

民主：人民当家作主，处理好民主和集中的关系。

文明：倡导社会文明，争做文明先锋。

和谐：各主体内部和各主体之间和谐，处理好和谐与坚持原则之间的关系。

2. 社会层面

自由：个人自由，言行自由，处理好自由与法规、纪律之间的关系。

平等：各民族、阶层、个体一律平等，处理好平等与公正之间的关系。

公正：强调公平正义，践行公平正义。

法治：学法，懂法，优法，守法，护法。

3. 个人层面

爱国：人民爱国，国家爱民。国，指祖国。

敬业：学生热爱学业，教师热爱教育事业。

诚信：诚实，守信。

友善：友好，善良。

（二）三大具体教育内容

1. 理想信念教育

1）理想教育

理想教育是帮助学生树立科学的世界观、人生观和价值观的教育，目的是把学生培养成为德、智、体、美、劳全面发展的社会主义合格建设者和可靠接班人。理想教育是政治思想教育的核心，但是理想教育不只是政治课的任务，各门课程都有帮助学生树立科学的世界观、人生观和价值观的任务，社会和家庭也都有对学生进行理想教育的义务。树立高尚、远大的理想，对于个人和整个社会的发展都有重要的意义。

2）信念教育

信念，是在对真理的坚信与价值认同的基础上超越现实、超越自我，坚信未来美好结果的稳定的自我意识，是坚信正确并必能产生良好结果的稳定、持久的观念。理想信念教育是思想政治工作的核心，是统帅人们灵魂的精神支柱，是道德的基础。重视理想信念教育是我们党的优良传统。

2. 中华优秀传统文化教育

1）仁义礼智信

仁：大仁、仁慈、仁爱、大爱、博爱、友善。

义：大义、天下之义、祖国之义、团队之义、担当。

礼：礼貌、礼节、崇礼尚礼。

智：大智、智慧、协调。

信：守信、信誉、诚信、信用。

2）忠孝廉耻勇

忠：忠诚。

孝：孝亲、尊长、尊师、敬傅。

廉：廉洁、节俭。

耻：知耻、崇荣、克己复礼。

勇：勇敢、坚毅。

3. 人类命运共同体教育

1）互相尊重，平等相待

古人说："爱人者，人恒爱之；敬人者，人恒敬之。"相互尊重就是相互尊敬、重视；平等相待就是彼此之间不受地位高低、穷富等因素的影响，不管什么情况下，两个个体都是平等的。学生应认识到人与人之间是平等的，正确对待人与人之间的差异，不以家境的贫富、智力的差异、父母职位的不同来论人，不凌弱欺生。

2）合作共赢，共同发展

合作共赢是指交易双方或共事双方或多方在完成一项交易活动或共担一项任务的过程中互惠互利、相得益彰，能够使双方或多方共同受益。学生是未来建设的主力军，合作才能发展，合作才能共赢，应不断培养学生的合作意识。

3）不同文明兼容并蓄、交流互鉴

不同文明各自都有存在的合理性，彼此需要尊重。不同文明之间只有通过交流才能相互了解、相互尊重，并相互学习、取长补短。这样，整个人类社会才能互利共生、共同发展。

六、公民教育体系建设步骤

见表3-1至表3-4。

表3-1　第一阶段（2020年2—7月）

时间	工作内容和目标		牵头部门和岗位	配合部门和岗位	备注
	一级分类	二级分类			
2-4月	前期准备阶段	讨论并确定公民教育核心理念及教育主题	德育室 德育主任	教科室 教导处	
5-6月	完成“公民教育”课程体系基本框架图	1．讨论并确定公民教育理念和培养目标； 2．讨论并确定公民教育原则； 3．讨论并确定公民教育内容； 4．讨论并确定公民教育方法和途径； 5．讨论并确定公民教育评价和保障	德育室 德育主任	教科室 教导处 办公室	
7月	专家组到校指导公民教育体系基本框架图	1．接受指导并进一步修改； 2．完善《公民教育体系基本框架图》	德育室 德育主任	教科室 教导处 办公室	

表3-2　第二阶段（2020年9月—2021年2月）

时间	工作内容和目标		牵头部门和岗位	配合部门和岗位	备注
	一级分类	二级分类			
9月	专家组到校指导公民教育体系分图	讨论并完成分图一至分图八	德育室 德育主任	教科室 教导处 办公室	

续　表

时间	工作内容和目标		牵头部门和岗位	配合部门和岗位	备注
	一级分类	二级分类			
10月	编写《公民教育体系建设》方案	1. 修改公民教育总目标； 2. 完善逻辑结构图的分图五至分图七； 3. 在逻辑结构图的基础上，绘制对应的思维导图、各式各样的象形图； 4. 完成公民教育体系建设方案第一稿	德育室 德育主任	教科室 教导处 办公室	
11-12月	完善阶段	完善《公民教育体系基本框架图》和《公民教育体系建设方案》	德育室 德育主任	教科室 教导处 办公室	
1-2月	公民教育体系初步搭建阶段	整合资料，初步搭建公民教育体系	德育室 德育主任	教科室 教导处	

表3-3　第三阶段（2021年3月—2021年7月）

时间	工作内容和目标		牵头部门和岗位	配合部门和岗位	备注
	一级分类	二级分类			
3-4月	公民教育实施阶段	开发公民教育社会实践校本课程	德育室 德育主任	教科室 教导处 大队部	
5-7月		运用公民教育社会实践校本课程	德育室 德育主任	教科室 教导处 大队部	

表3-4　第四阶段（2021年9月—2022年1月）

时间	工作内容和目标		牵头部门和岗位	配合部门和岗位	备注
	一级分类	二级分类			
9-12月	结题阶段	1. 总结实施阶段中的优点与不足； 2. 开展校内经验交流总结； 3. 整理相关资料； 4. 撰写公民教育体系建设工作报告	德育室 德育主任	教科室 教导处 大队部 办公室	

七、公民教育途径

（一）五大公民教育常规途径育人

1. 文化途径育人

1）理想教育育人

教育能使人懂得尊重、理解与爱，真正理想的教育就是能使受教育者体验到幸福，不被世俗和功利所束缚，是一种回归人性本质的教育。教育的责任，就是要为学生幸福的人生奠定基础。

2）制度文化育人

实行全员育人岗位责任制。

校长：校长是学校德育工作的领导者、学校德育领导小组组长，领导制定全校德育长期、中期、近期目标；主持领导小组例会；对学校德育工作负全面责任，聘任班主任；保证德育工作所需的经费，负责协调学校各部门全员育人工作的开展，发现问题，制定政策。

副校长：在校长领导下，围绕德育目标，在学科教学中落实德育的措施。

德育主任：全面负责学校德育工作及日常管理，协调少先队工作，指导班主任工作，制订并落实德育计划；主持德育研究工作；负责办好家长学校，组织对学生进行安全、法制教育。

少先队大队辅导员：配合德育室、落实德育活动。

班主任：主持班级日常工作，组织各项活动，协调各科教师教育工作，进行家访，主持班会工作，对学生操行进行评定；对学生进行爱国主义、社会主义、集体主义教育，帮助学生树立正确的世界观、人生观、价值观，逐步树立为人民服务的思想和为社会主义现代化而奋斗的志向；培养学生良好的思想品质、良好的心理品质和良好的行为习惯；教育学生遵守《小学生日常行为规范》《小学生守则》，加强班级管理，形成良好的班风、学风。

3）形象文化育人

设计吉祥物“紫荆灵”、征集吉祥物名称。

4）网络文化育人

充分发挥网络宣传和教育的独特优势，利用信息资源的共享性、信息资源的超时间性、学习的自主性、学习过程的交互性和自由开放的重要特点，为学习者创造良好的环境，使学习者学得更加主动、更加方便、更有效率、更富有创造性。

2. 管理途径育人

1）学校管理

学校建立健全公民教育的领导小组，全面负责学校的公民教育。领导小组由校长、书记、德育副校长、德育主任、少先队大队辅导员等成员组成。

2）团队管理

（1）教师队伍（班主任、中队辅导员）。

①强化培训，提素质。

②内部岗位，大练兵。

③狭路相逢，勇者胜。

④以老带新，同进步。

（2）SMT学生队伍建设（Self-Management-Team）。

自主管理、自主成长、服务他人、服务社会。

3）班级管理

①以“绿水青山话中国”为主题开展班级文化建设。

②以班级文化建设优化班集体建设，提升班主任班级管理效能，发挥班级文化建设的育人功能。

3. 课程途径育人

课程文化是学校文化的核心内容，课程文化建设是学校文化建设的重要途径。我们在课程改革实践过程中，努力建构以课程开发与实施为基础的、以教师队伍的发展为着眼点的、以学生的全面发展为最终目的的课程文化。

1）公民教育专门课程途径育人

开展道德与法治课和法律进校园微课堂活动。

2）渗透性课程

在语文、音乐等课程的教学过程中渗透公民教育，让学生全方位、综合性地树立公民意识，提高公民素养。

3）专题性课程

包括法制教育、廉洁教育、反邪教教育、文明礼仪教育、环境教育、心理健康教育、劳动教育、毒品预防教育、防艾滋病教育、影视戏剧教育等各种专题教育。

4. 活动途径

1）班会类活动

班主任每周召开班会课，通过班会课形式组织班级公民教育活动。

2）节日类活动

运用各种节日，学校德育少先队大队部组织大型活动，对学生进行公民教育活动，如开展清明祭英烈活动、向国旗敬礼等活动，对学生进行爱国主义教育等。

3）仪式类活动

学校开展仪式类活动对学生进行公民教育。例如，学校开展“红色传递”——少先队入队仪式，使学生认识少先队的意义，认识到自己从一名幼儿园学生到小学生的身份转变，进而了解自己的责任。

4）社团类活动

开展社团活动，发展学生特长爱好，注重以鲜明正确的价值导向引导学生，以积极向上的力量激励学生，促进学生形成良好的思想品德和行为习惯。

5）游学类活动

通过各种主题形式的游学活动，改变传统的知识传授基本方式，开展以公民教育知识结果的获得为直接目的的学习活动。

5. 协同途径

公民教育是一个系列工程，需要学校内部各部门、家校、社区之间建立教育综合体系，目标统一，步调一致，相互配合，协调努力，把各个部门、各组织的优势充分发挥出来。

6. 协同途径育人

1）校内各部门协同育人

学校的公民教育，是全校各个部门的事情，是全校教师的事情，不能只靠德育室和少数政教干部去做，需校内各部门、教师间相互配合。

2）学校、家庭、社区协同育人

（1）加强家校联系，创设良好环境。

现代教育不是一个孤立、封闭的过程，而是开放的、现实的、全方位的社会活动。家庭教育不是学校教育的简单重复，更不是学校教育的简单继续，而是与学校教育互为补充的一条重要途径。事实证明，家庭的影响对孩子的发展具有举足轻重的作用。

（2）改善沟通方式，提高教育效果。

家庭是孩子的第一所学校，也是人生就读时间最长的一所学校。而父母应是孩子的第一位老师，也是最重要的启蒙老师，更是孩子一生的老师。因此，家校联系对孩子的成长来说，显得尤为重要。

沟通形式如下。

——家长会

一句亲切的问候、一条关心的短信、学生的一点进步就能敲开家长的心扉。与家长沟通的方法多种多样，不管用何种办法，只要有利于学生发展，这种沟通就是和谐的、有意义的，良好的沟通是搭建家校联系的彩虹。

——学校开放日

学校教育离不开家庭的配合，在争取家长合作时，如果说提高认识是基础，积极参与就是重点。学校开展家长开放日，让家长走进学校，参与学校各种教育教学活动，更多地体验孩子在学校里的生活。

——亲子活动

现在的孩子在家都是小公主、小王子，缺乏劳动，学校可以在种植园积极组织一些亲子劳动，让家长带领孩子与老师一起共同感受劳动的乐趣，增强教师、家长、孩子之间的感情。

（二）公民教育专题育人途径

1. 法制教育途径

主要有法治副校长讲座、宪法周宣传、法治进校园、模拟法庭、法治知识竞赛；预防校园欺凌教育；“清廉学校”建设，清廉教风、清新学风建设；诚信教育、禁毒日主题活动、观看教育影片、开学第一课、爱国主义教育、科技节……

2. 文明礼仪教育途径

主要有文明礼仪大比拼，“东小”美德少年，“东小”红、橙、蓝SMT之星评比。

3. 环境教育途径

主要有班级文化建设大比拼、主题班会课大比武，开展垃圾分类、手抄报等活动。

4. 心理健康教育途径

主要有搭建心理健康小屋，将团体辅导、个人咨询相结合；心理健康教育周，心理健康知识讲座；亲子户外实践和心理社团活动。

5. 劳动教育途径

主要有：亲身体验感悟，凸显实践性；统筹三种力量，凸显协同性；覆盖学前教育，凸显全面性。

八、公民教育的组织方式

（一）班级授课制

分为常规班教学、分层教学、社团教学、选修教学，按照常规班、年级分层、转动讲坛、专题讲座的形式，有目的、有计划、系统地对学生进行教育。

（二）社团活动制

通过构建家、校、社区三位一体的公民教育模式，开展社会实践活动，增强公民教育的实效性，切实培养学生的公民意识和公民道德。

课外社会实践向学生进行爱祖国、爱家乡、爱自然、爱亲友、爱自己等教育。

（1）服务类：红、橙、蓝SMT学生志愿服务。

（2）心理健康类：开放校园“心情小屋”，“小学生健康知识讲座”“未成年人思想道德宣传”“防校园欺凌”等。

（3）劳动类：“亲亲种植园”，社会实践——“我当家”活动。

（4）节能环保类：垃圾分类宣讲及实施，文明行为宣传，“光盘行动”、《绿色出行倡议书》。

（5）科学知识类：校园科技节活动——参观信义玻璃厂，气象科普。

（6）爱国情怀类：“绿水青山话中国系列活动”“向国旗敬礼”“少年传承优秀文化传统”“清明祭英烈”等。

（三）德育导师制

德育导师制，就是在德育处、教务处和年级组的统一组织下，根据学生的学科学习实际、思想状况以及教师的教育教学能力和水平，在学生和教师间进行双向选择的基础上，经必要的调整后，每个德育导师带5名左右的学生，在学习、生活、心理等方面进行引导。

九、公民教育的方法

（一）SMT自主管理

SMT学生自主管理模式是学校培养学生的责任担当、自我管理的一种教育方法。通过日常的清洁、纪律、行为习惯的常规督查以及结合重大节日、纪念日开展的爱国主义、革命传统、优秀传统文化等教育，培养学生的责任意识、担当意识。在学习中有效管理自己的时间，合理分配每一分每一秒，提高效率，形成高效的生活习惯，实现自己的目标。

（二）榜样示范法

在学生中每周、每月、每学期评选出小明星、SMT之星、优秀学生、优秀干部等，激励学生正向发展。

在教师中每期、每年评选出各级优秀教师、师德标兵等榜样。

积极倡导师生学习道德模范、时代楷模等公民的先进事迹。

（三）说服教育法

在学生中探索开展行为体验说服法、事实说服法、语言说服法、情景说服法。

（四）品行评价法

对学生行为习惯采用操行等级评价和授予各级荣誉称号来进行评价，让学生规范自己的品行。

十、公民教育的教研、科研

国家正处于经济、政治、文化等方面的大发展阶段，实施公民教育是小康社会和社会主义现代化的必然要求。小学阶段是义务教育阶段，正是培养公民道德核心素养的关键时期。

（一）公民教育校本研究的理念

“培养什么样的人”是每所学校一直追问和探索的问题。我国的教育从最初培养人的德智体，发展到培养德智体美劳等全面发展，发生了很大的转变，培养现代公民也逐渐成为学校教育的育人目标。

学校是教育的主阵地。校本教研是基于学校鲜活的教育教学问题的研究，因而校本研究的理论基点为：①学校是校本研究的基地；②学生是校本研究的主体；③促进师生共同发展是校本研究的主要目的。

（二）公民教育校本研究的内容

小学时期是学生世界观、人生观、价值观形成的基础阶段，树立学生的公民核心意识，在公民教育体系中占着十分重要的地位。学校本着适应社会发展需要、结合学校工作实际的原则，以校为本抓住关键要点，初步确立公民教育“四节两课一活动”的课程内容，在这些模块中始终贯穿德育主题。

（三）公民教育校本研究的方式、途径

公民教育校本教研的形式多样，可采取专题研讨、主题研究、个案研讨、小组交流、集中探究等多种方式。

（四）公民教育校本研究的方法

（1）文献法。

（2）观察法。

（3）访谈法。

（4）行为示范法。

（5）理论与实践相结合的方法。

（五）公民教育校本研究成果的呈现

通过撰写论文、研究报告、经验总结报告、典型公民教育案例，拍摄典型教育案例视频，教育叙事，拟订教育改革实践方案、校本课程实施方案等，呈现公民教育校本研究成果。

（六）公民教育校本研究成果的使用

（1）在校本研究的过程中，丰富公民教育内涵，增强师生民族归属感、自豪感，强化爱国主义情感。

（2）拓宽学校公民教育的渠道，提升育人环境。

（3）校内育人和校外育人有机结合，形成教育合力。

（4）家校结合，通过家长学校指导家长学习，构建和美家庭。

（5）整合教育多方面资源，为师生提供广阔的学习实践平台。

十一、公民教育的评价

（一）公民教育评价的理念

学校公民教育评价的理念是以生为本，多元评价。

本着以人为本的发展理念，根据学生的年龄特点和发展水平，尊重学生的需要、个体差异，采取多元评价的方式，引导学生养成健康的思想道德品质，帮助学生形成正确的价值取向，最终培养出身心健康、人格健全的新时代合格公民。

（二）公民教育评价的目的

学校公民教育评价的目的是以德育人，全面发展。

通过目标多元、方法多样的评价体系，全面了解和掌握学生的认知、判断、行为，从每个学生的原有基础出发，尊重学生的个性特点，促进学生德、智、体、美、劳全面发展。

（三）公民教育评价的原则

（1）客观性原则：对学生的评价资料进行综合分析，运用科学的评价方法，得出相关的结论。必须采取客观的、实事求是的态度，不能主观臆断或掺杂个人情绪。

（2）自省性原则：让学生将自己的思想意识、行为举止与评价标准进行比较，明确自己的优点和缺点，帮助学生辨别是非、美丑、善恶，明确合格公民的社会行为规范。

（3）现实性原则：公民教育不能脱离社会生活，要将现实目标和理想目标结合起来，注重知行统一，将道德认知与道德行为有机结合，使学生有自我发展的动力。

（4）发展性原则：教育评价是鼓励师生、促进教学的手段，因此公民教育评价应着眼于学生的进步和动态发展，着眼于教师的教学改进和能力提高，以调动师生的积极性。

（四）公民教育评价的主体

公民教育评价的主体包括学生、教师、学校、家长、社会、政府，评价主要包括个体评价与社会评价两种类型。

（五）公民教育评价的客体

公民教育评价的客体包括学生、教师、班级、年级、学校。

（六）公民教育评价的内容

1. 社会主义核心价值观教育评价

以社会主义核心价值体系引导学生的道德发展，使其树立正确的世界观、人生观、价值观，具有爱心与责任心；培养其良好的行为习惯，发展其独立思考、勇于探究的个性品质，健全学生的人格；把社会主义核心价值观转化为学生的情感认同与行为习惯，落实党对国民教育提出的“社会主义核心价值观从娃娃抓起”的要求。

2. 理想信念教育评价

理想信念教育是思想政治工作的核心、统帅人们灵魂的精神支柱，是道德的基础。重视理想信念教育是我们党的优良传统。

3. 中华优秀传统文化教育评价

继承我国优秀的传统文化，具有中华民族的归属感和自豪感，珍视祖国的历史和文化，发扬团结友爱、乐于助人、勤劳节俭、尊老爱幼、诚实守信等传统美德。

4. 人类命运共同体教育评价

尊重不同国家和民族的文化差异，尊重世界文明的多样性，初步形成开放的国际视野。树立尊重自然、顺应自然、保护自然的意识，增强生态文明、绿色发展的意识。

（七）公民教育评价的方式、类型

1. 诊断性评价

在各学年、各学期或某一教学阶段开始或结束前进行，对学生是否具有达到新的教学目标所必需的基本知识和技能作出评定，使公民教育适合学生的需要和背景情况，为实现因材施教提供依据。

2. 发展性评价

基于一定的培养目标，通过对学生过去和现在状态的了解，分析学生存在的优势和不足，并在此基础上提出具体的改进建议，促进学生在原有水平上提高。

3. 总结性评价

即在教育活动告一段落后，为了解教学活动的最终效果而进行的评价。总结性评价重视的是结果，借以对被评价者做出全面鉴定，区分出等级。

（八）公民教育评价的方法

1. 观察法

对学生在日常学习中表现出的情感、态度、能力进行观察，并做好记录。

2. 描述法

在与学生进行充分交流的基础上，教师对学生在一段时间内的学习态度、表现等以描述性的语言写成评语，鼓励学生巩固成绩，修正不足，继续努力。

3. 问卷法

通过问卷调查的方式，了解学生的学习状况和动态，对数据进行汇总和分析。

4. 访谈法

设计访谈提纲，恰当进行提问，准确捕捉信息，及时收集有关公民教育的资料。

5. 自评与互评法

教师引导学生对自己及其同伴在学习中的表现及成果进行评价，鼓励学生自我反思、相互借鉴、相互促进。

（九）公民教育评价结果的使用

（1）评价结果及时反馈给学生，并对评价结果作出合理的解释，帮助学生准确了解自己的学习状况。评价结果的反馈有利于学生自信心的建立和自我反思。

（2）为学校各部门、教师提供丰富的数据信息，了解公民教育的实施情况，并将其作为制订下一步工作计划的依据，改进教育策略，提高教育实效。

十二、公民教育的保障

（一）思想保障

增强社会中每一个人的公民意识，是扩大人民民主、发展社会主义民主政治的重要基础。如何增强我国公民尤其是广大青少年的公民意识，一直是社会科学领域乃至全社会共同关注的重大课题。通过加强公民教育，培养学生的公民意识、公民美德、规则意识、责任意识，树立社会主义国家公民主人翁意识，自觉遵守社会规范，做合法公民。

（二）制度保障

严格落实党和政府有关公民教育的政策法规，建立健全学校公民教育的管理制度、公民教育的课程开发制度、公民教育的教学制度、公民教育的评价制度等。

不断完善学校文化建设方案、学校公民教育规划和年度计划。

鼓励各中队建设有利于形成德育特色的各种规划和制度。

（三）队伍保障

1. 领导小组

成立学校公民教育工作领导小组，全面负责公民教育工作。由校长任组长，副书记和分管德育的副校长任副组长。

2. 工作团队

构建以德育室、年级组、班主任、任课教师、专职心理教师、少先队辅导员等为骨干的公民教育工作团队。

3. 专家指导组

李继星教授团队，德阳市教科院，国家、省、市德育专家，优秀班主任。

（四）物质条件保障

1. 经费条件保障

学校通过财政预算、制度保证等方式保障公民教育经费充足。

2. 场所设备设施条件保障

配置标准的公民教育设施、设备，网络建设；建设公民教育的校内实践基地。

3. 书报刊条件保障

添置公民教育的图书，订阅报纸杂志，购置电子图书、期刊，设置师生阅览室、开放式书吧、班级图书角等。

（五）时间、课时保障

1. 课内时间保障

严格执行国家课程标准，规范课程开设，按照规定开齐课程、开足课时。把公民教育纳入学校教育教学安排，做到统筹计划课时，确保班队会课、综合实践课的时间。

2. 课外时间保障

保障思政课、研学旅行、社会实践的时间。开展富有学校特色的公民教育活动，少先队、年级组、班级利用重大节假日继续开展公民教育的社会实践活动，形成家校共同参与的公民教育体系。

（六）校本教研、科研保障

1. 公民教育的课题、项目研究

支持校内人员申报与公民教育相关的各级各类课题、项目。从课题立项、经费、评价等各方面向公民教育科研课题倾斜。

2. 公民教育的工作室建设

鼓励各年级组、班级积极开展公民教育工作室建设，由德育室牵头，以骨干教师为核心，建立公民教育工作室，充分发挥专家、名师的引领作用，让公民教育工作顺利开展，高效推进。

3. 公民教育研究成果的采用、推广

开发与公民教育有关的校本课程，如编写SMT培训读本。

第六节　后勤、安全管理工作简述

一、后勤、安全管理工作综述

（一）指导思想

牢记初心使命，坚守教育立场，全面贯彻党的教育方针。紧紧围绕学校工作中心，围绕后勤工作为教育教学服务的宗旨，进一步强化后勤内部管理，全面提高后勤人员的思想素质和业务素质，努力增强服务意识，提高服务质量和服务水平，使后勤工作规范化，制度化。

（二）工作目标

后勤工作的目标是“三个确保”“四个力争”。

（1）“三个确保”。确保校园建设、教育教学办公生活用品的维护、维修、采购、保管、供应及时到位；确保学校财务管理规范、精细，账物相符；确保学校水电、饮食、活动安全，杜绝事故的发生。

（2）“四个力争”。力争进一步完善服务设施；力争进一步完备服务项目；力争进一步提高服务质量；力争进一步提高服务效益。

（三）工作措施

1. 抓好食堂建设和管理

（1）以“明厨亮灶”工程为抓手，切实贯彻落实《食品安全法》和四川省中小学校食堂建设和管理服务规范地方标准。

（2）按照四川省标准化建设示范食堂的要求，做好自查自检。

（3）牢固树立食品安全重于泰山的责任。

（4）环境卫生上再整洁一点，在安全系数上再高一点，在营养搭配上再均衡一点，服务态度上再好一点，让学生、家长、社会的认可度再高一点。

2. 加强校舍、校产管理

（1）进一步完善校产、校舍管理制度，尤其是强化赔偿制度。

（2）严格校产管理制度化、规范化，严禁乱拿、乱用、乱丢、乱放等不负责任的行为。

（3）加强用电用水和日常检修管理，坚持勤俭节约，反对铺张浪费，努力为学校节约一滴水、一度电、一分钱。

（4）倡导良好风气，爱护学校设施、设备，爱护花草树木，杜绝践踏草坪、折枝摘花现象。

3. 坚持财务制度，严肃财经纪律

（1）严禁乱收乱付，做到勤俭节约。

（2）按规定收费，任何班级、个人不得擅自收费。

（3）制定财务预算，坚持计划、合理使用经费。

（4）认真执行《中小学财务管理制度》和《会计法》，严格执行财务预算，严守财经纪律，合理、合法支付每一笔钱。

4. 加强学习，提高服务育人质量

（1）加强后勤人员对有关文件、政策、法规、业务知识的学习，提高后勤工作人员的政治水平和业务能力，做好服务育人工作。乐于奉献，能吃苦耐劳，服从安排，积极为师生提供方便，确保教学工作正常、有序开展。

（2）规范后勤管理，充分发挥后勤人员的智慧和力量，改进服务方式方法，齐心协力，互相配合，提高服务质量。

（3）加强自身素质的提高及业务能力的培养，更新知识，解放思想，不断提高自身的修养。

二、安全教育与安全管理工作简述

学校安全工作是教育教学工作秩序的重要保证，关系到全校师生的切身利益，关系到学校的健康持续发展。学校安全责任重于泰山，抓校园安全就是抓学校发展。学校通过安全教育，增强学生安全意识和自我防护能力；通过齐抓共管，营造全校教职员工关心和支持学校安全工作局面，从而切实保障全校师生安全和财产不受损失，维护学校正常教育教学秩序。

（一）加强领导，落实责任到人

为进一步做好安全教育工作，构建学校安全网络，切实加强对安全教育工作的领导，学校把安全工作列入重要议事日程，并成立了安全工作领导小组，其成员如下：

组长：罗建

副组长：颜昭伟　杨荣

成员：学校中层及各班中队辅导员

学校坚持“谁主管，谁负责”和“谁主办，谁负责”的原则，分工负责，任务到人，层层建立岗位责任制和责任追究制。学校与班主任签订安全责任书，各中队辅导员与学生及家长也签订安全责任书，做到时时、处处、事事的安全工作有专人负责，以保证安全工作万无一失，杜绝安全事故的发生。

（二）加强宣传，建立长效机制

通过全校大会、宣传栏、夕会、班队会、安全讲座、观看安全教育视频、发放安全教育资料等形式在全校教职工和学生中广泛宣传安全法律、法规及自救自护办法等，增强师生安全观念和自我防范及自我保护意识。

坚持“安全第一、预防为主”方针，居安思危，常抓不懈，建立健全党群结合、人员防范和技术防范相结合的安全防范体制，坚持巡查、自查、督查“三查”相结合的制度，及时处理、及时总结。各部门和人员认真自查职责范围内的安全隐患，发现问题及时报告、及时处理，问题不积压、不拖办、不推诿。

学校安全专项整治领导小组定期召开工作会议讨论解决和处理相关问题，并作出计划部署，及时向全校公布学校安全工作取得的成效以及存在的问题。鼓励全校师生以主人翁身份关注学校安全工作，及时表彰安全工作有功人员。

（三）全面整治，逐一落实

学校对校园附属设施进行安全检查，该拆除的及时拆除，该维修的及时维修加固，对可能引发意外事故的设施，如围墙、教学楼、运动场的各种设施、楼梯及学生进出口的安全情况进行检查，安全系数差的设备、设施坚决不予以使用。加强计算机室、办公室、教学楼等场所的安全管理，完善安全防范设施，加强水、电、消防、避雷等设施的安全巡查。做好传染病的预控工作，对于流行传染病要早发现，及时送诊，并制定防控措施。加强校园卫生管理，铲除卫生死角，教育学生养成良好的卫生习惯。中队辅导员和全体教职员工都要注重维护学生的心理健康。

交通安全教育极为重要，教育学生遵守交通规则，不坐无证无照的车辆，宣讲、普及安全常识。邀请派出所的干警讲解法制、安全知识。多方宣传用电、用气等安全知识，普及家用电器的正确操作方法，尤其是发生火灾险情时须注意的几个问题以及灭火器的正常使用方法。

召开安全教育的主题队会课。印发安全教育材料，中队辅导员进行宣讲，让学生进行讨论，提高对安全工作的认识。学校还利用安全视频、黑板报、宣传栏、电子屏、手抄报等形式，全方位宣传安全工作。

认真做好流行病和常见病的预防工作。积极做好卫生知识宣传教育，对校园进行定期消毒清洗，防止细菌滋生。适时对学生进行流行病的防疫，派发各种预防资料，积极配合社区、医院组织的各种防疫工作，有效维护学校的正常教学秩序。

（四）安全工作的主要经验

（1）高度重视安全工作，把安全工作当作一件政治任务来抓，认识到安全工作关系到家庭的幸福、社会的稳定，树立“安全至上”“安全责任重于泰山”的意识，严防死守，层层落实，责任到人，保持对安全工作的高度敏感性。

（2）安全制度健全。2021年年初，行政领导班子通过检查安全规章制度是否完善、是否健全、是否适合当前和今后工作的需要，任务和责任是否落实到人等，及时修订了安全管理制度，做到事事有人管。

（3）坚决贯彻执行上级各部门有关安全工作的文件，对上级布置的每项安全工作都有计划、有落实、有检查、有反馈、有整改，真正提高安全工作的管理水平。

（4）对安全教育工作实行群防群治，不定期对学生家长进行安全教育，要求家长认真督促并检查子女的安全工作，把安全工作从校内做到校外。

（5）加强对学生的法制教育、社会道德教育、文明意识教育是抓好学生安全教育的根本。学生的法律意识提高了，就会自觉遵守学校的各项规章制度，做到令必行、禁必止。

由于制度过硬、措施得力、方法恰当，学校几年来没有一起安全事故发生，全校师生安全意识强。但是，安全工作只有起点没有终点，是一项长期的、复杂的系统工程。我们只有从讲政治的高度认识并做好这一工作，其他各项工作才有保障，也才能为学校教育撑起一片蓝天！

三、财务管理工作简述

（一）学校财务管理综述

学校属于德阳市教育局直属学校，是市财政三级预算单位。

学校财务管理的基本原则是：贯彻执行国家有关法律法规和财务规章制度；坚持勤俭办学的方针；正确处理事业发展需要和资金供给的关系，社会效益和经济效益的关系，国家、学校和个人三者利益的关系。

学校财务管理的主要任务是：合理编制学校预算，严格预算执行，完整、准确编制学校决算，真实反映学校财务状况；依法筹集教育经费，努力节约支出；建立健全财务制度，加强经济核算，实施绩效评价，提高资金使用效益；加强资产管理，合理配置和有效利用资产，防止资产流失；加强对学校经济活动的财务控制和监督，防范财务风险。

（二）财务管理体制

学校财务管理实行校长负责制。学校的财务活动在校长的领导下，总务处统一管理，设置分管财务副校长、总务处主任、副主任、出纳、会计岗位，负责具体执行财务管理相关要求。学校财会人员的任职条件、工作职责、工作权限、专业技术职务、任免奖罚，严格按照国家会计法律制度执行。义务教育阶段学校不得从事经营活动。学校食堂坚持公益性和非营利性原则，在学校财务部门统一管理下，实行单独核算，定期公开账务。

（三）预算管理

学校预算根据教育事业发展目标和计划编制的年度财务收支计划。预算由收入预算和支出预算组成。实行核定收支、定额或者定项补助、超支不补、结转和结余按照规定使用的预算管理办法。坚持量入为出、收支平衡、统筹兼顾、保证重点的原则。学校严格执行批准的预算，规范办理收支事项，加强预算执行管理。

学校决算根据预算执行结果编制的年度报告，由主管部门审核汇总后报财政部门审批。学校加强决算审核和分析，保证决算数据的真实、准确，规范决算管理工作。

（四）收入管理

学校收入包括：

（1）财政补助收入。

（2）事业收入。

（3）上级补助收入。

（4）附属单位上缴收入。

（5）其他收入。

学校将各项收入全部纳入学校预算，统一核算、统一管理。学校严禁设立“小金库”。各项收费应当严格执行国家规定的收费范围、收费项目和收费标准，使用符合国家规定的合法票据。对按照规定上缴国库或者财政专户的资金，学校按照国库集中收缴的有关规定及时足额上缴，不得隐瞒、滞留、截留、挪用和坐支。

（五）支出管理

学校支出包括：

（1）事业支出。

（2）对附属单位补助支出。

（3）上缴上级支出。

（4）其他支出。

学校将各项支出全部纳入学校预算，项目支出应当按照规定专款专用，不得挤占和挪用。严格执行国库集中支付制度和政府采购制度等有关规定。加强支出的绩效管理，提高资金使用的有效性。

（六）结转和结余管理

财政拨款结转和结余的管理，按照同级财政部门的规定执行。非财政拨款结转按照规定结转下一年度继续使用。非财政拨款结余按照国家有关规定提取职工福利基金，剩余部分作为事业基金用于弥补以后年度学校收支差额。遵循收支平衡的原则，统筹安排、合理使用，支出不得超过基金规模。

（七）专用基金管理

专用基金管理遵循先提后用、收支平衡、专款专用的原则，支出不得超出基金规模。专用基金包括：

（1）修购基金。

（2）职工福利基金。

（3）奖助学基金。

（4）其他基金。

（八）资产管理

学校的资产包括流动资产、固定资产、在建工程、无形资产等。学校建立健全资产管理制度，加强和规范资产配置、使用和处置管理，维护资产安全完整，保障事业健康发展。

学校建立健全现金及各种存款的内部管理制度，加强资金监督管理，对应收及预付款项应当及时清理结算，不得长期挂账。对存货进行定期或者不定期的清查盘点，保证账实相符。

学校对固定资产进行定期或者不定期清查盘点。年终前应当进行一次全面清查盘点，做到账、卡、物相符。学校资产处置遵循公开、公平、公正和竞争、择优的原则，严格履行相关审批程序，实行“收支两条线”管理。

（九）负债管理

学校的负债包括借入款项、应付及预收款项、应缴款项、代管款项等。学校对不同性质的负债分类管理，及时清理并按照规定办理结算，保证各项负债在规定期限内归还。建立健全财务风险控制机制，规范和加强借入款项管理，严格执行审批程序。学校不得提供担保。

（十）财务清算

学校财务清算，应当在主管部门和财政部门的监督指导下，对学校的财产、债权、债务等进行全面清理，编制财产目录和债权、债务清单，提出财产作价依据和债权、债务处理办法，做好资产的移交、接收、划转和管理工作，并妥善处理各项遗留问题。

（十一）财务报告和财务分析

学校定期向主管部门和财政部门以及其他有关的报表使用者提供财务报告。

年度财务报告包括资产负债表、收入支出表、财政拨款收入支出表、固定资产投资决算报表等主表，有关附表及财务情况说明书等。根据学校财务管理的需要，进行财务分析，定期编制财务分析报告。

（十二）财务监督

学校财务监督的主要内容包括：

（1）预、决算编制的科学性、真实性、完整性，预算执行的时效性、均衡性。

（2）各项收入、支出的合法性、合规性。

（3）结转和结余资金以及专用基金管理的合规性。

（4）资产管理的安全性、合规性、有效性。

（5）负债的合规性和风险性。

（6）学生人数、教职工人数等基础数据的真实性和准确性。

学校财务监督实行事前监督、事中监督、事后监督相结合，日常监督和专项监督相结合。建立健全内部控制制度、经济责任制度、财务信息披露制度等监督制度，依法公开财务信息。学校依法接受主管部门和财政、审计等部门的监督。

四、餐饮、食品卫生与食堂管理工作简述

为保障学校食品安全，根据《中华人民共和国食品安全法》《学校食品安全与营养健康管理规定》《四川省中小学校食品安全管理办法（四川省人民政府令第337

号）》以及德阳市教育局关于加强学校食堂工作管理的有关要求，学校食堂工作秉承“公益性”“服务性”“安全性”原则，抓平时、重细节，为“办人民满意的学校”发挥重要作用。

（一）领导重视，周密部署

每学期初，学校都会专门召开食堂工作会议，明确职责和具体分工，成立以校长为首的学校食堂工作领导小组，统筹各项工作，针对各项具体工作制订计划、明确责任，让食堂的全面工作制度化、规范化。总务处负责具体落实，从人员、调入、设备、采购、保管、加工、分发等所有管理环节进行了细化并狠抓落实，并定期召开食堂工作专门会议，学习上级文件，研究各阶段落实措施。校级领导每天陪餐，发现问题及时给予指导，立即进行改进。

（二）设施到位，操作规程

各类设施的安全状况良好。食堂配备的各类器械、用电设备、消防设备、电路、开关插座、库房的安全状况都比较好，管理比较规范到位，操作规程明确。

（三）确保卫生，有效监督

食品安全卫生工作是食堂工作的重中之重，为了确保食品安全，我们主要采取了以下措施。

（1）食堂都能严格执行国家《食品卫生法》《四川省中小学校食品安全管理办法》，有各项卫生安全制度和措施，并做到了有检查、有记录，有突出事件的应急措施。工作人员能自觉按要求上岗和操作，具他各项卫生措施和规定能落实到位。

（2）采取大宗食品集中采购，每年在入围《德阳市旌阳区学校大宗食品采购安全准入产品名单》的企业中定点采购。做好验收工作，加工做到烧熟煮透，做好食品留样工作。严格把好食品进货关，我们将学校食堂的食品进货由专门的人员进行统一采购，对采购的食品索取“三证”（营业执照、卫生许可证、生产许可证）复印件和质量检验报告，进出货手续齐全，账册相符。

（3）每次用餐后所有的餐具、用具都高温蒸汽或开水消毒。

（4）各类安全卫生制度完善，建立了以下制度：《东汽小学食堂工作人员管理制度》《东汽小学总务主任工作职责》《东汽小学食堂卫生检查制度》《东汽小学消毒制度》《东汽小学食堂人员卫生知识培训制度》《东汽小学食堂食品采买制度》《东汽小学食品留样制度》等。

（四）保证伙食，以人为本

按照非营利性的要求，进行食堂成本单独核算，以保证食堂日常运转经费收支平衡为目标。维护师生的食品安全和身心健康，保障学校发展。

五、用水、用电、空调管理工作简述

根据东汽小学近几年每月的用水用电费用来看，水电费用是学校每月的一项巨大开支。就学校目前用水用电量巨大的现状来说，学校的节水节电工作迫在眉睫。全体师生要增强水电资源的忧患意识，提高节水节电自觉性，养成节约的良好习惯，以实际行动厉行节约、开源节流，共同构建绿色、和谐、节能型校园。为了让节约光荣、浪费可耻的观念转化为师生们的自觉行为，结合本校实际，特制定《德阳市东汽小学节水节电管理措施》，其内容如下。

（一）节水措施

（1）向全校师生做好节水宣传工作，让节约用水的观念深入人心。节约用水，从我做起。

（2）用水时尽可能适量用水，缩短用水时间，杜绝水资源浪费现象。

（3）加强用水设备的日常维护管理，及时更换老化的供水设施，安装或更换节水型龙头等设施，避免跑、冒、滴、漏等现象发生。

（4）用完水后，及时拧紧水龙头。见到滴水的龙头及时拧紧，发现水龙头损坏向总务处及时报修，杜绝“长流水”现象。

（5）总务处对各用水设备进行定期检查，发现渗漏点及时修理。发现人为因素导致水资源浪费时，及时制止。

（二）节电措施

（1）向全校师生做好节电宣传工作，让节约用电、安全用电的观念深入人心。

（2）加强日常用电管理，电脑、打印机、复印机、饮水机等办公设备尽量开启省电模式，长时间不使用或下班后应彻底关闭电源，减少办公设备待机能耗。

（3）晴朗天，办公室、教室尽量充分利用自然光照。在条件允许的情况下，尽量减少照明设备使用时间，随手关灯，不能出现“人走灯亮”的现象，离开办公室时要关掉所有电源开关。养成人走灯灭、人离电停，光线充足时不开灯、人少时关闭部分灯的好习惯。杜绝白昼灯、长明灯。

（4）开展“绿色照明”行动，楼道、走廊、厕所等场所安装延时开关或感应开关等自动控制装置。拆除部分走廊灯管，仅留方便所需的数量。

（5）教室电风扇在25摄氏度以上时开启使用，做到无人即关、放学即关。

（6）禁止使用电热水壶、电炉、电暖器等大功率电器，提倡在办公室饮水机取水。

（7）学校安排电工经常检查用电情况，保证做到节约用电、安全用电。

（三）空调管理措施

（1）办公室空调由年级组长负责。科室空调由各科室负责人负责，负责人负责空调的保管及合理使用。

（2）为做到节能降耗，要求夏季室温在28摄氏度以上时方可开机，使用空调制冷，且空调设定温度不得低于25摄氏度；冬季室温在10摄氏度以下时方可开机，室内空调温度设置不得高于24摄氏度。

（3）每天下班后要及时关闭空调和电源，坚决杜绝开窗使用空调现象。不准在空调上放任何物品，不准在空调面板上乱贴乱画。

（4）任何人不得随意拆卸、移动空调。如人为损坏要照价赔偿。如发现有违规使用空调，学校将通报批评。

（5）空调不能正常使用时，须到总务处报修，由总务处安排专业人员排除故障。

（四）加强管理

总务处要切实发挥职能作用，与德育处共同加强监督与检查，对全校师生进行节约用水用电宣传。对长流水、长明灯、光线充足情况下开灯及无人情况下开灯等严重的浪费现象，办公室和班级将予以批评。

六、医疗、保健与卫生管理工作简述

遵循“健康第一”的指导思想。针对少年儿童成长的特点，加强学生的体育、卫生健康教育，培养学生强壮的体格、较强的活动能力、健康的心理、勇敢顽强的毅力、艰苦奋斗和团结合作的精神，使他们更加适应现代社会的需要，是小学阶段的体育和健康教育迫切需要解决的新课题、新任务。因此，本着科学、全面、可比、可行性原则，制订本计划。

（一）指导思想

学校健康教育是学校系统教育的重要组成部分。培养学生健康的行为和习惯，提高卫生科学知识水平，预防某些常见病和多发病，尽可能避免意外伤亡事故，增强体质，促进身心发育。

（二）学校健康教育的任务

（1）提高学生卫生知识水平。

（2）降低学校常见病的发病率。

（3）提高生长发育水平。

（4）促进儿童少年心理健康发展，预防心理卫生问题。

（5）改善学生对待个人公共卫生的态度。

（6）培养学生的自我保健能力。

（三）健康教育的目的

（1）促进学生身心健康发展，保证学生具有旺盛的精力、愉快的心情投入学习，养成良好的卫生习惯。积极参加体育锻炼，增强体质。

（2）培养学生正确的饮食卫生习惯。注意饮食卫生，吃好早餐，一日三餐定时定量，不偏食，让学生知道暴饮暴食的危害。

（3）根据学生的年龄特点，由浅入深、循序渐进，达到教材要求，提高健康教育课的效果。

（四）健康教育的措施

（1）通过课堂内外的教育，向学生传授卫生科学知识，培养学生生活自理能力、个人清洁习惯，使他们自幼养成讲卫生、爱清洁、维护环境的良好品德。

（2）督促学生搞好个人卫生，做到常剪指甲、勤洗手、勤洗头、勤洗澡、勤换衣，从小养成良好的卫生习惯。

（3）建立经常性的卫生检查制度。对教室、各科室、卫生区等区域的卫生进行文明班评比，每日检查一次，并及时评分，公布成绩，对卫生好的班级和部门予以表扬、鼓励。

（4）学校要施行并落实健康晨午检制度，发现有身体发热现象的学生，应密切注意（有无传染病现象）并及时通知家长，送往医院检查。

（5）抓好学生饮食卫生，认真落实食堂各项制度，确保在校师生的饮食安全。

（6）培养学生规律的生活作息习惯，不熬夜，早睡早起。

（7）让学生观察自己身高、体重的变化，了解儿童期的正常生长发育状况，并注意生长发育期有关事项。知道保护眼睛、牙齿、耳朵、鼻子的重要性。

（8）认识到阳光、空气、水与身体健康的关系。

（9）了解均衡饮食对身体发育的好处，培养良好的饮食习惯。

（10）对学生每年进行体格检查，建立学生健康档案。建立学生病假、因病缺课登记制度。

七、图书馆（含书籍漂流站等）管理工作简述

（1）图书室除按计划组织学生进行课外阅读外，仅供本校教职工借阅。外单位人员借阅须经主管领导批示。

（2）凡本校教职工借书，必须遵循图书室规定，持借书证办理借阅手续，借书证只限本人使用。

（3）每次借书不得超过3册，借阅时间为1个月（工具书可延长至学期末）。每学期末清查一次书籍，收回所有外借书刊。

（4）凡借阅者必须妥善保管图书，不得在书刊上批注、勾画、撕剪，不得转借或丢失，否则按规定赔偿。

（5）图书室必须保持清洁，安静，并有防火、防盗、防潮、防蛀、防尘、避光设施。

（6）凡调离本单位的教职工，必须先还清所借书籍，方可办理离校手续。

八、卫生室管理工作简述

（1）中小学卫生室是根据《学校卫生工作条例》设定的、保证青少年儿童健康成长的重要场所。卫生室管理人员，须严格执行国家卫生工作的有关规定。

（2）未经许可，不得随意进出卫生室。到卫生室就医，需经医生同意，并且不得携带其他物品。

（3）卫生室设备、器材、药品要单独建账，购入、调出、使用应有明确记载。定期清理，做到账物相符。

（4）对医疗设备、器械，应按卫生标准定期检查、消毒；药品应妥善保管，及时销毁变质失效药品。

（5）贯彻预防为主、治疗为辅的方针，做好学生健康状况检查，重视学生卫生知识教育和良好卫生习惯的培养，搞好学生个人卫生、校园环境卫生的检查。做好急、慢性传染病的预防和报告工作。

第七节　校本科研工作简述

按照市教科院的工作要求，为全面提高学校教育科研水平，促进学校教育教学质量的提升，特制订学校教育科研工作计划。

一、指导思想

以习近平总书记关于教育工作的重要讲话为指导，坚持“以人为本，科研兴校，科研兴教”的目标，立足“坚持实验，探索规律，科学施教，全面育人，培植个性”的科研特色，以先进的教育科研理论武装教师，做好“三个结合”，即科研工作与基础教育课程改革紧密结合、与学校师生的实际结合、与提高教育教学质量结合。围绕新课程改革，进一步改进和加强教育科研工作，关注学生学习方式和教师教学方式的转变，努力开发学生创新潜能，构建一支创新型的教师队伍。

二、工作目标

（1）推进科研、校本研修、课程改革的有机结合。

（2）培养学生的创新精神、合作意识和实践能力，促进教师、学生全面发展。

（3）推进课堂教学改革的创新发展，完善教学模式。

三、工作任务及措施

（一）提高认识，狠抓落实

落实国家、省、市关于课程改革的文件精神，增强实施基础教育课程改革的紧迫性和责任感，加强领导，使教师提前进入课改的角色，提升教育科研的水平，走内涵式发展之路。

（二）加强校本科研，创内涵发展的科研特色

教育科研是一种创造性的实践活动，不仅要解决人的认识问题，还要解决操作问题。因此，我们必须从实际出发，采取“低起点、小步子、分层次、逐步提高”的方法。一方面通过不断的学习和培训提高教师的科研意识；另一方面通过承担课题锻炼队伍，支持教师参加高层次的学历进修和培训，努力提高教师的理论水平和科研能力。为此，我们主要采取以下办法。

1. 借外力

邀请省、市教科所（室）的专家和研究员来指导科研工作，提高教师的科研理论水平和操作能力。同时，加强与周边县市实验学校的联系，相互沟通，开阔视野，取长补短。

2. 聚内力

从理论上、情感上和政策上调动教师投入校本科研的积极性。理论上，要认识到参加教育科研是新时代教师进修的主要形式，要从重视学历转化为重视科研；情感上，积极投入“情感教育”和“适应学生个别需要”的研究；政策上，进一步完善科研评价、奖励机制，充分发挥教师的科研潜能，调动教师科研的积极性。

3. 全员性

全员性是搞好校本科研的关键。每位教师把课题研究与日常工作相结合，积极参与研究课题，有教育（或教学）个案，有研究论文，形成“人人有课题，个个能科研”的良好科研氛围。

4. 重研究

抓住重点课题，抓好课题的过程指导和管理，侧重课题研究成果的应用，防止“虚化”现象和走过场，在“实”字上下功夫。通过课题研究，在青年教师中开展教育观念辩论赛和教育科研报告会等活动，把成果转化为“第一生产力”，为科研多做些实事，推动教育科研深入发展。

（三）创新科研特色，形成课题研究的体系

1. 完善科研管理制度

学校进一步完善教育科研《理论学习制度》《课题管理制度》《教科研管理人员

实验教师职责制度》《教育科研工作考评细则》《实验教师例会制度》等。同时，要根据制度的规定，对课题研究实行期中检查制、期末考评制，严格规范教师的科研行为，使科研管理有章可循、有法可依，提高科研工作效率。

2. 严格科研管理过程

科研工作重在落实，要扎扎实实地去实施。一套方案加上几篇论文的做法，绝不是搞科研。为了从根本上杜绝有“题”不研的现象，必须注重加强科研工作的过程管理。教科室要做好整体部署，课题组围绕实验方案写好详细计划。在实验过程中，教师要认真填写好《教师教学工作手册》，做到“四有”，即有实验调查统计、有个案记载、有实验日常过程记录、有研究小结。教科室加强业务指导，用三分之二的时间下到实验班听课、调查、指导，利用“听（听汇报）、看（看记载）、查（查进展）、问（问学生家长）、评（评价指导）”这五种调研方法对课题研究进行视导检查。同时，规范课题实验档案，设立科研专柜，做到一索即得，管理有序。

第八节　学校发展性课程评价体系简述

一、评价的理念

在学校“紫荆花教育”主题和办学核心理念的指导下，适用“人本化、生活态、成长性”课程理念，形成“以人为本”的课程评价理念，致力于实现“有温度、会学习、能创新的未来型人才”的学生培养目标。

（一）“以人为本”是“紫荆花教育”评价的出发点

美国学者桑德斯曾经这样对课程评价进行描述：“课程评价指的是研究一门课程某些方面或全部的价值的过程。根据课程这一术语的不同定义方法，课程评价的焦点或目标可能包括课程需要和（或）学生需要、课程设计、教学过程、在教学中适用的教材、学生成果目标、通过课程学生取得的进步、教师有效性、学习环境、课程政策、资源分配以及教学成果等内容。”“紫荆花教育”课程评价体系在此基础上积极适应新时代对人才培养的需要，注重“以学生的发展为本”，全面培养“和乐”少年。“以人为本”是“紫荆花教育”课程评价的出发点。

（二）开放型的新课程观是建构“紫荆花教育”现代化课程体系的必然选择

当代教育进入课程评价建构时期，我国学者提出要区分课程评价的狭义概念和广义概念。狭义的课程评价，特指对课程计划、课程标准、教材在改进学生学习方面的价值作出判断的活动和过程。一般包括对课程目标体系的评价、对课程计划的评价、对课程标准的评价、对教材的评价等核心内容。它的实施一般是由受过专门培训的评价人员借助专门的评价方法和技术进行的。广义的课程评价及教育评价是指按照一定的价值标准，通过系统地收集有关信息，对教育活动中受教育者的发展变化以及诸种因素，满足社会与个体发展需要的程度作出判断，并为被评价者的自我完善和有关部门的科学决策提供依据的活动。“紫荆花教育”课程观是发展的开放型的新课程观，从狭义的课程评价出发，历经丰富的实践探索，向广义的课程评价进发，有利于构建现代化的课程体系。

（三）“紫荆花教育”课程评价多元化

“紫荆花教育”在大课程的意义上使用课程评价的概念，意指课程与教学评价。课程与教学是庞大的教育系统中的重要组成部分，对课程与教学的评价涉及整个教育系统中的方方面面。当我们把课程评价作为一个整体的教育活动过程时，这个活动就包括对学生心理特征、学习方法、学习效果等的评定，对教师教学行为、个性特征的评价，对教学技术应用的评价，对课程标准、教材等文本的评价，对各类课程资源的评价，对学校管理方式的评价等。但其核心要素仍是学生、教师、教材，而且这三大要素与教师的关系也是最为密切的。因此，我们将集中探讨课程评价中的核心领域，即教材评价和教学评价。

“紫荆花教育”课程评价的主体和客体多元化，包含学生、家长、教师、学校、政府、社会。在此基础上形成的民主化是建构“紫荆花教育”新型师生关系和课程管理体制的基石。

“紫荆花教育”课程评价的内容和方式多元化。“紫荆花教育”摒弃传统课程评价过分强调甄别与选拔的静止观，树立以评价促发展的发展观。构建“德育为重、知识为基、能力为先”课程体系，评价强调“知识与技能、过程与方法以及情感、态度与价值观”的整合，引导师生树立终身学习观。

二、评价的目的

（一）形成科学体系

课程评价的目的是对课程设计和组织实施的科学程度进行诊断，并确定课程目标的达成程度。它是不断完善课程建设的重要依据和途径。通过课程评价继续改革和完善学校校本课程的教学内容、教学方法、教学大纲和考试大纲，逐步形成学校“紫荆花教育”课程体系。

（二）促进学校发展

课程是落实核心素养的“跑道”、载体。要培养“有温度、会学习、能创新的未来型人才”，办“有温度、有质量、人民满意的学校”，必须通过校本课程开发营造“和于心、合于事”的校园氛围，打造一批“教真人、做真知”的教师队伍，形成“贵有思、成于行”的学习风气，促进学校全方位发展。

三、评价的原则

（一）发展性原则

发展性评价是指有利于促进学生和谐全面发展、教师专业化发展、教学实践改进的“多元化评价主体、多样化评价方式、多种评价手段相结合”的课堂教学发展性评价模式。课程评价的根本目的在于促进发展。发展性评价原则要求评价者明确课程评价的发展方向，正确认识课程评价的功能，掌握课程评价的内容，遵循发展性评价的原则。发挥评价在促进学生潜能、个性、创造性等方面发展的作用，使每一个学生具有自信心和持续发展的能力。

（二）个性化原则

个性化评价是以学生的个性化发展为目标，学生的成长和发展是课程建设目标第一位要考虑的因素，课程实施过程要充分注意学生在智力、社会背景、情感等方面的差异性，并根据其能力水平进行教育，从而提升学生积极个性和学科素养的评价方式。课程评价也要多用激励性评价的方式，让欣赏成为每个学生的专利；要巧用评语，让评价成为学生进步的助推器；要活用“二次评价”，让评价成为教与学的新起点。采用个性化评价，旨在让个体充分发展自己的能力，充分展示自己的个性，从而造就有活力、有创造性的个体。

（三）多元化原则

评价的主要目的是全面了解学生的学习历程，激励学生的学习和改进教师的教学。因此，应建立评价目标多元、评价方法多样的评价体系，坚持多元化评价。

多元化评价面向未来、面向发展，不是关注评价对象的等级、名次，而是评价对象的改进、完善和发展；以个性和创新素质为重点，重视人的个性的彰显和发展，重视人的潜能的开发和发挥；弘扬评价对象的主体性，从实效出发，从有利于评价对象的发展出发，采用多样的评价方法；重视质性评价；坚持评价情境性和评价方式多元化，更加重视对有利于评价对象发展的过程因素的评价。

（四）连续性原则

围绕课程理念，我们形成了“五育三环”课程体系。“五育三环”相互协调、连续发展为一个整体。教师选择和运用活动变化技能时，要充分考虑学生的年龄、能力、兴趣及教学内容和学习任务的特点，以致各种变化对真实的课堂教学产生有效的作用。每一节课的教学过程都应是连续的，每一节课的教学内容都应是一个有机的整体。课堂评价相应地要从教学过程和教学内容的连续性、整体性原则进行考量。

四、评价的主体

（一）教师是课程评价的核心

课程评价主体应以教师为主。教师既是课程决策的参与者，又是课程实施的执行者。因此，他们了解课程的各个环节，对课程的价值体察最深。教师最能提出改进课程和教学的切合实际的建设性提议，因此，教师必须是课程评价主体中的核心。教师的评价与学生的自我评价是有机结合的，教师评价能够让学生及时获得描述性、指导性、诊断性的信息，为学生的学习指明方向。

（二）学生是课程评价主体

学生是课程评价主体的重要组成部分。学生作为课程影响的承受者，对课程的优点和缺点体会最深，对课程的适合程度感受最深，对课程教与学最有发言权。因此，将学生作为课程评价的主体是非常有必要的。鼓励学生逐步学会客观地评价课程，使我们研发的课程能真正培养出“有温度、会学习、能创新的未来型人才”。

（三）学校是课程评价的灵魂

学校课程行政和管理人员作为评价主体与前两者的不同在于，学校评价更侧重于课程的实践效果，目的在于了解课程实践是否促进了实际的课程和教育教学工作，教学质量是否得到了提高，课程措施是否易于执行和管理。学校评价着眼点是为课程管理工作服务。

（四）多元化的课程评价

教育主管部门、课程专家、公众、社区等都应成为课程评价主体。因为来自不同阶层的人员所代表的利益不同，他们的需求也必然不同，可从不同角度对课程进行评价，这有利于课程自身的发展。教育主管部门的课程评价是政府依法行政、转变职能、加强教育宏观管理的需要。课程评价工作应有周期性的教学评估制度，是提高教育质量所采取的关键举措，对于深化教学改革、规范教学管理和提高教育质量具有重要的作用。

课程专家评价是遵循一定的评价规范，针对开发课程的内容和教学实践，恰当地选用相应的科学评估形式与方法所进行的评价活动。课程专家评价是对具体的课程内容、课程实施过程、学生的发展等方面进行科学的评价，使开发的校本课程课更有合理性、可行性和科学性。

另外，公众对课程的意见在一定程度上也有利于评价的进步。公众评价是对学生综合社会应用能力的评价，进而间接地对学校的各方面（包括教师、课程体系、教学等）进行评价。学生的表现究竟如何，可以从学生接触过的公众那里获得反馈。

五、评价的客体

（一）学生的自我评价与成长

课程评价过程既是学习的过程，也是认识和发展的过程。学生作为直接参与课程的人员，既是课程评价的主体，也是课程评价的客体。以“以人为本，促进学生全面发展”为评价标准，更多地关注该课程内容，帮助学生认识自我、建立自信。作为被评价的学生客体，我们应该着重审视该课程内容的实践是否能让学生正确面对别人提出的建议，在充满激励评价语言中不断地获取前进的动力；该课程内容能否为学生终身学习奠定良好的基础，能否为学生的精神、人格、身心等打上美丽的底色。

（二）教师应在评价中自我发展

教师是校本课程的开发者，是课程实施的组织者、引导者。在教学活动中，被人评价的同时，又要对自己的工作进行判断，对校本课程的方案、目标、过程、结果等开展评价，正确面对他人评价，以“自评”的方式促进教育教学反思能力的提高，建立“以学论教”的发展性课堂。

（三）相关部门的指导

学校相关部门在整个课程开发当中，加强课程实际和学生情况的联系，建立教育行政部门、学校、家长和社区共同参与的学校评价制度。重视考查评价主体信息，综合应用多种方法，作出具体的分析指导，建立实施发展性评价体系，达到“从生活中学习，从经验中学习，从单纯的知识传授转变为注重能力的形成”的目的。

（四）学校促进课程的发展

在“人本化、生活态、成长性”的课程理念下，建立促进课程发展的评价体系，以学校评价为基础，促进新课程的实施与发展。引导学生主动学习、学会学习，注重学生个性发展，激发其创造潜能，培养学生文化自信、开放心态，树立国家意识、全球意识，从而适应未来、创造未来。

六、评价的内容

（一）课程目标

教育目的应该指向培养能够在未来社会中成功生活和终身学习的人。习近平总书记指出：“培养什么样的人，是教育的首要问题。”课程内容将直接影响到“培养什么样的人”。在社会发展要求和习近平总书记的指引下，学校校本课程开发将以落实立德树人，践行“五和”核心要义，培养“有温度、会学习、能创新的未来型人才”为目标。

（二）课程内容

基于学校校本课程开发的目标，学校课程开发领导小组携课程开发小组所有成员共同梳理学校现有的国家课程和校本课程，确定学校拟开发语文校本课程、数学校本课程、英语校本课程、动物观察课程、植物观察课程、野生动植物之谜课程，入队仪式课程、升旗仪式课程、开学典礼课程、毕业典礼课程、主题班会课程、队会课程、青春期健康教育课程，机器人课程、科学实验课程、英语节课程、科技节课程、读书节课程、体育节课程、艺术节课程、思维导图课程、创意与设计课程、STEAM课程、研学旅行课程等校本课程。

（三）课程实践和效果

课程内容是否能达到我们预期的目标，必须通过教育教学实践来检验。我们将把开发的校本课程用于我们的教育教学过程中，在实施过程中评估课程的可行性和效果，对其进行不断修正和完善，使学校开发的校本课程最终达到拟定的课程目标。

七、评价的方法

（一）诊断性评价

诊断性评价指在课程开发前对学生的知识、技能、情感状况等进行预测和判定，这种评价方式可以了解学生的知识基础和准备状态，用以确定课程开发的目标、内容，使我们开发的课程能培养出有温度、会学习、会创新的未来型人才。诊断性评价的实施时间一般在课程开发前期、课程实施的过程中。诊断性评价的目的是设计出满足不同起点水平和不同学习风格的学生所需的校本课程，将学生置于最有益的课程开发中。

（二）形成性评价

形成性评价是在课程和教学计划的实施过程中不断给予评价，这样的评价是动态的、发展的。其所追求的不是一个固定的、精确的结论，而是更多地体现对学生的成长关注；不但要通过课程评价促进学生发展，达到教育培养的目的，而且要通过对学生的评价不断修正校本课程的目标、内容，使校本课程不断趋于完善。

（三）总结性评价

总结性评价是在校本课程开发告一段落后，为了解校本课程的科学性、合理性、可行性，最终采取打分、评估等形式进行的评价。其目的是以预先设定的课程目标为基准，检验学生的学情是否达成了课程目标的要求。总结性评价侧重于结果，注重考查学生对课程的整体掌握程度，测验范围广、内容多、效率和概括水平较高，对整个课程开发有评定和参考作用。

八、评价结果的表达与使用

（一）完善体系

课程评价结果在教育中具有重要的意义，课程评价结果是对课程进行研究和分析，以判断其价值和适宜性的，是教育工作的重要组成部分，是通过收集系统全面的有关资料，对教育教学的各个环节进行科学、客观的分析、比较，判断其价值和效果，为调整、改善、选择、推广、提高教育质量提供科学的、客观的依据。一项课程在实施后究竟有哪些成效，可以通过课程评价结果进行全面衡量、作出判断。这种判断是对效果的全面把握，包括对预定目标之外的效果的把握。对课程评价结果的分析，能够帮助我们逐步地去完善教育教学体系。

（二）以评助学

课程评价是一种教学手段，也是对学生的一种激励，起到了积极的调节和导向作用。课程评价也是多元化发展的，可以促进学生在知识、技能、品德等方面全面发展。在新课程背景下，课程评价有利于学生发展，使学生在遇到问题时能够及时反思，做出相对准确的判断并且解决问题。在课程评价中，要注重学生的学习过程，能够确保学生通过学习过程的精细化获得最佳的学习效果。课程评价的主要目的是全面了解学生的学习历程，不仅能培养学生的学习兴趣，还能更好地发展学生的核心素养。正确使用课程评价的结果，能保证课程评价目的更加有效达成。

（三）以评助教

课程评价的建立和实施，可以充分发挥评价的导向作用，促进教师教育思想的转变，发挥教师的教育创新意识，从而达到课程评价的目的。课程评价能让教师在课堂教学中更清晰了解自己的优点、亮点，找到不足之处，有效评析课程中存在的状况和优缺点，明确自身在教育教学中的发展方向。课程评价能有效提高教师的教学水平与能力，使教师之间相互了解、相互学习，激发教师的内在需要和动力。课程评价为教师的教育教学提供了很好的平台，保证了新课程的顺利实施，促进了教师的专业发展，有助于建立更高效的课程结构。

第四章 | 文化战略纲要·形象力系统

第一节　基础性视觉要素

一、校名

校名使用中外文标准字（中外文数组合），校名使用规范如图4-1所示。

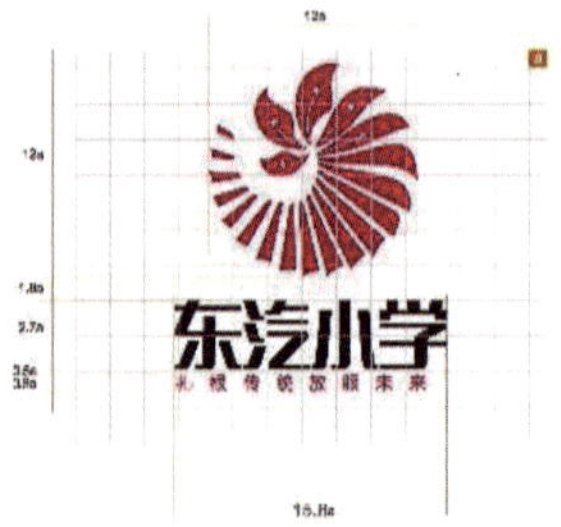

图 4-1　校名

二、学校标志（校标、校徽、徽记）

学校标志图形、学校中外文标志字体，以及学校标志图形与中外文标志字体组合规范（至少包括：横式组合、竖式组合、上下组合、简称组合各一套）如图4-2所示。

图 4-2　学校标志

三、胸徽

师生胸徽如图4-3所示。

图 4-3　胸徽

四、校花

紫荆花。

五、校树

紫荆树。

六、校旗

各类校旗如图4-4所示。

· 横宽竖窄的校旗　· 桌式校旗（桌旗）　· 竖旗

图 4-4　校旗

七、学校标准色和辅助色

学校标准色和辅助色见图4–5。

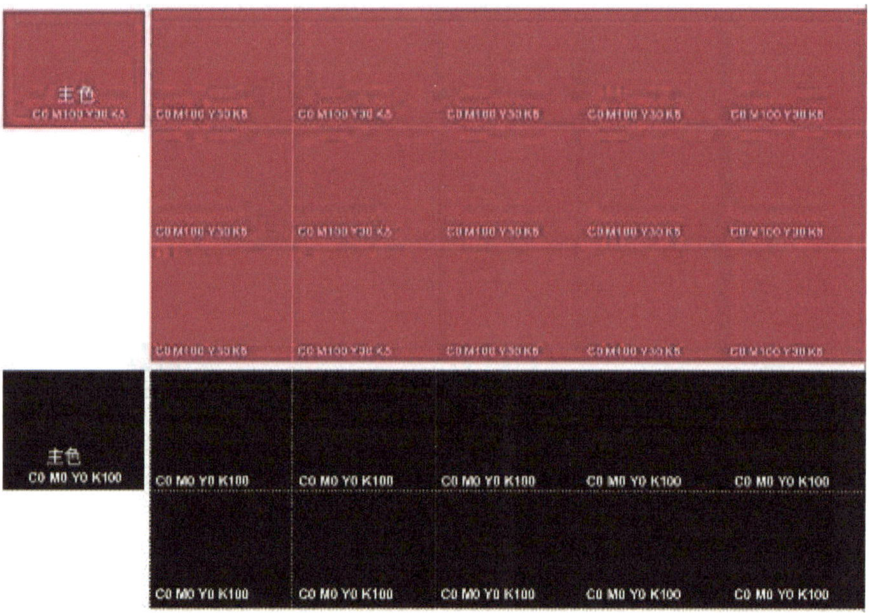

图 4–5　学校标准色和辅助色

八、学校象征图形、核心象征物、卡通形象或吉祥物

见图4–6、图4–7。

图 4–6　主题广场

图 4–7　吉祥物

九、学校辅助图形

见图4-8。

图 4-8　辅助图形

十、学校标准印刷字体规范（1组，包括标准印刷字体5~10条）

见图4-9。

四川省德阳市东汽小学
四川省德阳市东汽小学
四川省德阳市东汽小学
四川省德阳市东汽小学
四川省德阳市东汽小学
四川省德阳市东汽小学
四川省德阳市东汽小学
四川省德阳市东汽小学

图 4-9　字体规范

十一、校标、校名标准字与辅助图形的组合规范

见图4-10。

图 4-10　校标、校名标准字与辅助图形组合规范

第二节 听觉要素

一、校 歌

紫荆花开

——东汽小学校歌

词：张 帆
曲：易传志

1=♭B 3/4

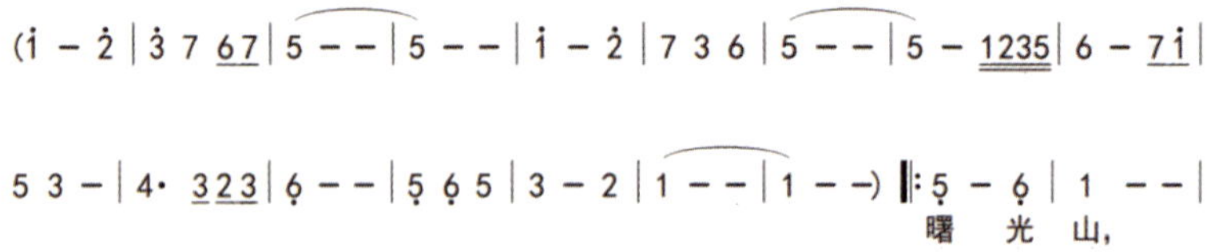

二、学校行为识别音乐

1．作息（包括上课、下课）指令音乐

《杜鹃圆舞曲》。

2．升旗前和升旗时播放的音乐

《我和我的祖国》《中华人民共和国国歌》。

3．列队时播放的音乐

《运动员进行曲》。

4．做眼保健操时播放的音乐

《第八套眼保健操》。

5．做广播操时播放的音乐

《第九套广播体操》。

6．午休时播放的音乐

《经典乐曲》。

7．放学时播放的音乐

《美好的未来》。

8．颁奖时播放的音乐

《颁奖曲》。

9．教职工大会、教职工代表大会上播放的音乐

《国际歌》。

10．少代会前播放的音乐

《中国少年先锋队队歌》。

第三节　学生使用的可移动用品

学习使用的可移动用品见图4-11。

图 4-11　可移动用品

第四节　物质与人文环境

一、学校总体布局

见图4–12。

图 4–12　学校布局

二、建筑物外形（包括风格）

见图4–13。

图 4–13　建筑物外形

三、校门、门卫室、传达室

见图4–14。

图 4–14　校门、门卫室、传达室

四、校内构筑物（房屋、道路、走廊、院落、广场等）的命名

见图4-15。

图 4-15　校内建筑物及其命名

五、旗台、主席台、颁奖台

见图4-16。

图 4-16　旗台、主席台、颁奖台

六、学校文化象征物、人文景观小品

见图4-17。

图 4-17　学校文化象征物、人文景观

七、外语活动区（如露天外语角、外语走廊、外语墙等）

见图4-18。

图 4–18　外语活动区

八、非建筑性文化小环境的营造

见图4–19。

图 4-19　非建筑性文化小环境

九、绿地、花木及其说明，植物认养卡片

见图4-20。

图 4-20　绿地、花木及其说明

十、东汽小学重建记

见图4-21。

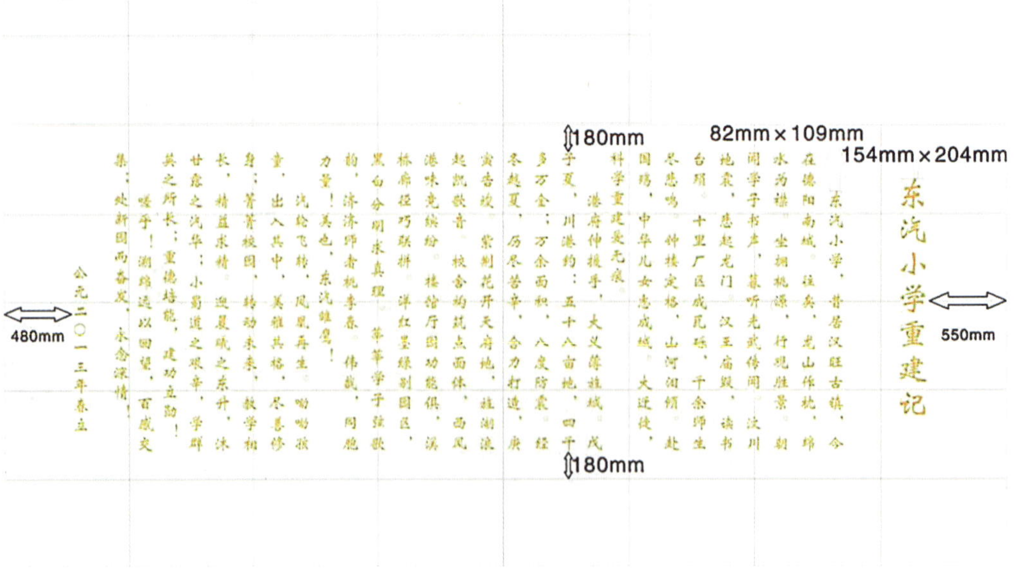

图 4-21　东汽小学重建记

十一、走廊、楼道、楼梯等装饰及相应的主题文化区，本楼单层指示牌

见图4-22。

图 4-22　走廊、楼道装饰、指示牌

十二、各种办公室

见图4-23。

图 4-23　办公室

十三、会议室、贵宾室、接待室

见图4-24。

图 4-24　会议室、贵宾室、接待室

十四、党、团、队等组织活动室

略。

十五、普通教室（含班级文化要素）

见图4–25。

图 4–25　普通教室

十六、各种功能教室

见图4-26。

图 4-26　各种功能教室

十七、图书馆（角）

见图4-27。

神奇
的
世界

拼
看
拼
智力拼拼看

色彩
的
秘密

图 4-27　图书馆（角）

十八、展览厅

见图4-28。

图 4-28　展览厅

十九、学术报告厅

图4-29。

图 4-29　学术报告厅

二十、体育训练场馆

见图4-30。

图 4-30　体育训练场馆

二十一、卫生间、盥洗室

见图4-31。

图 4-31 卫生间、盥洗室

第五节 校 服

一、概 述

校服文化作为当代校园文化建设和素质教育体系的一项重要内容，很好地反映了学校的精神面貌。学生穿着校服，体现了学校的精神风貌，有利于教学管理的统一化、规范化，是提高学校竞争力的有效手段。

校服，是一所学校闪亮的名片，展现了一所学校的文化品位和精神气质。校服，代表着一所学校“行走的文化”，承载着莘莘学子的青春记忆，丰富了多彩的校园文化生活。

二、学生服（包括学生书包、学生帽、鞋）的设计要领

红白色校服配上学校校徽，活泼且纯净。

彰显东小学子的青春活力与无限希望。见图4-32。

图 4-32

图 4–33

红灰色校服配上学校校徽，热情且低调。

灰色朦胧、内敛，红色鲜明、亮眼，低调而不失热情。见图4–33。

图 4–34

蓝白色校服配上学校校徽，沉稳且纯净。

白色、深蓝色的色彩搭配，让校服充满活力而不失沉稳。见图4–34。

三、文化衫的设计

见图4–35。

图 4–35　文化衫

第六节　各种校办媒体

一、学校网站、公众号、抖音等的设计要领

学校网站用于全面宣传、展示学校风采与特色，发布学校重大活动安排，增强家校联系。校园网的设计要领如下。

（一）整体色调、页面布局有吸引力

网站的整体色调使用绿色，用温暖的黄色和红色来渲染年轻、活力的氛围，界面简洁大方。根据校园生活的材料，设计带有图片和文字的页面，给人以清新的印象。

（二）网站栏目结构明确

将学校概况、新闻动态、教学科研、德育之窗、教师之窗、学生园地、幼儿频道、留言板等几个板块合理组合到最佳的整体页面中，使人一目了然，从而吸引更多的访问者。尽可能展示办学特色、学校的教学人员以及学生在学校的出色表现。

（三）注重图片修饰

低质量的图片很容易让用户对网站失去好感，所以网站图片需要清晰、像素高，且需要适当对图片进行修饰，优化整体效果。

（四）突出校园文化

在网站设计中，动态和静态效果图都能体现出校园的特色，展现校园的精神面貌。

（五）更新学校相关资讯

及时更新有关的公告和资讯，并回复家长的问题，不断向网站添加新鲜的内容，吸引师生关注。

校园微信公众号作为校园信息发布、家校交流的重要基地，家长随时随地可以了解学校近期活动、最新动态等，学校还可以借助该平台拓宽家校互动渠道，积极推动家校联动建设。微信平台作为展示校园风采的新媒体窗口，主要内容有“东小印象”“校园文化”以及“家校互动”三个板块。其中，“东小印象”包含学校简介、校园掠影、招生简章、紫荆幼儿园；“校园文化”展示校园各科室相关的新闻、相关活动展示等；“家校互动”中有历史消息、通知公告、交流分享，都有专人在线定时做出回应。在公众号推送的内容上，注意新闻的时效性、准确性、新鲜性，以及编辑的合理性、前瞻性。

二、学校电视台和电视节目的设计要领

校园电视台是学校里的微型电视台，但是其结构、设备和功能与一个演播室系统几乎完全相似，集主持、拍摄、录像、收音、配音、剪辑、制作于一体，是学校重要的宣传阵地，对学校的教育教学发挥着至关重要的作用。

校园电视台的建设，可初步分为硬件和软件两方面。硬件方面包括演播室场地，如摄像机、灯光设计、声学装修、虚拟场景等；软件方面包括录制编辑系统、自动播出系统和网络流发布平台以及相关人员的运作。软件方面为电视节目设计，以栏目运作方式制作电视节目，按栏目分工，以小组为单位分别摄制完成。

目前，学校校园电视台主要有以下栏目。

（1）升旗仪式。以班级为单位，采用直播或录播的形式按主题轮流进行“国旗下的讲话”。

（2）个人秀时间。由班级推荐特长生，在电视上展示自己的特长，如唱歌、跳舞、手工制作等。

（3）访谈节目。如访问各部门负责人、介绍学校相关情况、访问学科老师、谈学习的情况等。

（4）校内外专家主题讲座、会议实况。

（5）校园活动，如大会、比赛、晚会、节目表演等实况直播。

三、学校广播室和广播节目的设计要领

学校广播对全校师生的学习和生活都有重要影响，因此要求标准化、准确化。广播室的主要工作内容是：控制全校的作息和学生广播室的自办节目播放。广播节目除每日常规升旗仪式外，还设有以下内容。

（1）校园新闻：一段时间内学校发生的事情。

（2）音乐点播送祝福：每日午间进行，播放2~3首音乐。

广播节目实行栏目负责制，对稿件、歌词的内容进行审核，并做好来稿、用稿情况登记。

四、校刊的设计要领（纸介质和电子介质）

创办校刊是为了搭建师生、家长交流的平台，展示学校文化建设成就，开辟文学创作的空间。学校校刊名称为《紫荆花开》，为校级内部刊物，每年一刊。发行对象为全校师生及家长，采取自愿投稿的形式。内容立足校园，培植文学新绿的幼芽，展现师生的成长历程，记录教育相关信息。

五、室外黑板报、墙报的设计要领（粉笔、水油彩、电子介质）

学校室外共设两块电子屏幕，其中正屏滚动播出社会主义核心价值观、校园活动资讯、安全知识、时政要闻、古诗词小故事等，充分发挥电子屏幕的教育宣传作用，在潜移默化中培养学生的安全意识，丰富课内外知识，让学生了解社会时事、明辨是非，形成正确的人生观。侧屏则播出文明班级评选的最新得分情况，供各班参考并进行适时调整。宣传墙张贴教师风采、校园活动等图片，展示校园文化。

第二篇

文化建设实践研究

第五章｜以办学核心理念构建学校文化建设体系的实践研究工作报告

一、课题组成员的构成及分工情况

（一）负责人

罗建，德阳市东汽小学校长，具有丰富的学校文化建设经验，曾组织修建德阳市庐山路小学，全程参与该校学校文化建设。在任庐山路小学副校长期间，一直负责后勤、基建等工作。

在本研究中，负责课题研究的主持工作、全面管理工作。

（二）课题组组长

颜昭伟，德阳市东汽小学副校长，分管学校教学工作，具有丰富的科研管理经验。

在本研究中，负责课题研究的全面协调工作。

（三）课题组副组长

谢长林，德阳市东汽小学教科室主任，高级教师，具有多年教学及科研、管理经验，曾参研多个省市高规格教育科研课题，主持的市级科研课题已结题并获奖。

在本研究中，全面负责课题研究的实施工作。同时，担任联络工作。具体负责“学校文化建设纲要”部分的编写工作。

（四）主研人员

杜鹃，一级教师，德阳市东汽小学英语教师，曾参与多个省市级课题研究工作，具有丰富的教育科研能力。在本研究中，主要负责课题研究资料整理、保管，材料撰写，活动记录工作。

宋婷婷，德阳市东汽小学少先队辅导员，一级教师，曾多次组织学校大型主题活动，具有较强的策划、组织能力。在本研究中，主要负责与本课题研究相关的主要活动的方案制订、具体实施，工作总结，宣传报道等。

兰勇，一级教师，音乐教师，德阳市骨干教师、德阳市直属学校学科带头人，学校总务处副主任。指导学生多次获得省、市中小学艺术节比赛一等奖，获“优秀指导教师”称号，参与省级课题“翻转课堂在小学教育中的实践模式研究”并顺利结题。在本研究中，主要负责课题研究的相关后勤保障、工程施工等相关工作。

吴文菊，二级教师，德阳市东汽小学美术教师，具有较强的美工设计能力。在本研究中，主要负责学校文化建设元素的设计、审核等工作。

二、研究的主要过程和活动开展情况

（一）准备阶段（2019.11—2019.12）：确立课题，完成申报

（1）查找相关参考文献，搜集各类期刊，筛选与研究有关的文献，并进行认真阅读。

在此阶段，我们查阅了大量关于学校文化建设方面的资料，也利用外出学习的机会，大量考察名校的文化建设，带回来许多一手资料。课题负责人罗建校长组织副校长颜昭伟、教科室主任谢长林多次进行研讨，确定研究方向。

（2）筹备课题研究小组，组织人员讨论选定课题，准备材料进行申报立项。

在确定了课题研究方向后，我们积极筹备课题研究小组，在全校范围内选拔了几位业务能力强、踏实肯干、有一定教育科研经验的老师组成了课题研究小组，并进行了专门培训。同时，我们还聘请了相关专家担任课题组顾问，他们分别是：中央教科院前研究员李继星教授，德阳市教育科学研究院小学语文教研员、四川省特级教师冯学敏老师。

（3）进行课题研究前期的工作，准备相关的研究报告。

（4）组织开题和外出培训活动，等待申报通过。

2019年12月，德阳市教育局发文（德教函【2019】222号），我们申报的五大体系建设专项课题成功立项，管理号为：ZX201912。

收到立项文件后，我们积极筹备开题事宜，撰写开题报告，聘请开题专家，确定开题时间。

（二）实施阶段（2020.1—2020.12）：开展具体研究工作

1．深挖学校文化内涵

德阳市东汽小学始建于1968年，其前身为东方汽轮机厂子弟学校。2008年发生“5·12”汶川特大地震，原东汽小学校舍全部损毁。在市委市政府的统一部署下，学校迁至德阳城区重建，香港特区政府全资捐建。新建的东汽小学坐落于国家级经济技术开发区，面朝东山，背临旌湖，是德阳市教育局直属的示范性公办小学。

全新的东汽小学占地58亩，总建筑面积约12 000 m^2，于2011年正式投入使用。现有30个教学班、在校学生1500余人，是一所设施设备一流、环境优美的全日制小学。

作为曾经的东方汽轮机厂子弟学校，我们与国企东汽集团有着千丝万缕的联系，

后经改制，学校虽与集团脱钩，但东汽文化一直深植其间。

党的十八大以来，以习近平同志为核心的党中央对我国教育改革发展提出了一系列新理念、新思想、新观点。习近平总书记在全国教育大会上明确指出，要坚持扎根中国大地办教育。

这些都是值得我们去深入挖掘的东汽小学学校文化建设的根源，且均是构成学校文化建设的重要元素。

2. 构建学校文化建设体系，形成理论系统（执行力系统、精神力系统和形象力系统）

1）精神力系统

办学核心理念：扎根传统，放眼未来。

释义：教育要扎根中国大地，要扎根于优秀的传统文化，思考从何而来、去往何方；教育要着眼未来，放眼个人、祖国和人类的未来，培养有人类命运共同体意识的时代新人。

教育主题：紫荆花教育。

释义：学校是由香港特别行政区政府援建的，紫荆花是香港特别行政区的标志，寓意东汽小学在感恩香港特别行政区政府援助的同时，扎根于中华五千年的优秀传统文化土壤，放眼广袤的世界和孩子们美好的未来，培养有“人类命运共同体”情怀、长远目光的、“健康、聪慧、温暖”的时代新人。

二级理念：

规划理念——融百家之长，创巴蜀一流。

治理理念——守正创新，凝心聚力。

人才理念——建设勤勉、博识、仁爱的师资队伍。

课程理念——融优秀文化，创美好未来。

教学理念——因材施教、学为教先。

公民教育理念——促全面发展，育时代新人。

安全工作理念——生命至上，防教结合。

后勤服务理念——师生至上，服务育人。

评价理念——客观公正，动态多元。

学校的发展目标：通过五大体系建设，推动学校高质量发展，五年内成长为德阳市区知名学校，十年内成为德阳市知名学校，二十年内成为四川省知名学校。

学校的培养目标：

学生培养目标——培养健康、聪慧、温暖的时代新人。

本校学生发展核心素养——健康生活、学会创造、人文积淀。

教师发展目标——做勤勉、博识、仁爱的好老师。

学校的社会（社区）使命：

教好一个孩子，改变一个家庭，带动一个社区。

学校三风：

校风——和谐　灵动　有创意。

教风——善教　精进　勇创新。

学风——乐学　自主　会创美。

校级铭言：

紫荆花开，香飘未来。

紫荆花儿开，朵朵都精彩。

转动最美好的未来。

大美中国，幸福东小。

学校各中层部门的铭言：

德育——蒙以养正，知行合一。

教导——有教无类，因材施教。

后勤——及时周到，精细节约。

学校组织形象：

硬件一流、环境优美、管理规范、社会认可。

学校人员形象：

学校领导形象——睿智谦逊、与时俱进。

教师形象——博学严谨、阳光自信。

学生形象——知书达理、朝气蓬勃。

教师誓词：

我宣誓，我是一名人民教师，忠诚党的教育事业，贯彻党的教育方针，坚持立德树人，遵循教育规律，恪守职业道德。做学生锤炼品格、学习知识、创新思维、奉献祖国的引路人，做有理想信念、有道德情操、有扎实学识、有仁爱之心的好老师，为党和人民的教育事业奋斗终身!

学生誓词：

我宣誓，我是一名东汽小学学生，我决心做到：刻苦勤奋，自强不息，崇尚科学，努力学习，热爱劳动，强身健体，团结拼搏，勇争第一。

2）执行力系统

形成了《学校章程》、学校治理结构简述和组织脉络图，学校发展规划简述，办学要略，行政管理、党务管理，教职工队伍建设，学校课程体系与高效教学体系建设、公民教育建设，节日、重大活动的校本化设计与实施，后勤、安全管理工作等相关制度。

3）形象力系统

【校徽、校旗】

东汽小学校徽、校旗的设计以象征香港特别行政区的紫荆花为主要元素，形状与香港特别行政区标志接近，结合了东汽集团生产的发电机转子不断向远方延伸的外形，寓意东汽小学不仅感恩香港特别行政区政府的援助，而且扎根于中华五千年的优秀传统文化土壤，放眼广袤的世界和孩子们美好的未来，培养有“人类命运共同体”情怀、长远目光的、“健康、聪慧、温暖”的时代新人。

【校歌】

《紫荆花开》

曙光山，白云外
绵远河，天上来
山高水长，情暖心怀
念念不忘，你的抚爱

旌湖畔，春常在
紫荆树，站成排
小小少年，立志成才
扎根传统，放眼未来

紫荆花儿开，朵朵都可爱
心与心相通，把梦汇成海
紫荆花儿开，朵朵都精彩
爱与爱相拥，转动新时代

歌曲很好地结合了学校历史、地理、发展等要素，办学核心理念“扎根传统，放眼未来”被孩子们天天传唱，深入人心，寄寓孩子们在美好新时代健康快乐成长的愿望。

【主题墙】

学校围绕办学核心理念“扎根传统，放眼未来”打造文化主题墙，让孩子们浸润在这样的理念中，明白自己从何而来、要去向何方，学会放眼祖国未来，放眼人类的未来。

在教学楼中庭建“大美中国，幸福东小”主题雕塑，中国地图提醒师生胸怀伟大祖国，校歌《紫荆花开》让师生享受在东小幸福学习生活的每一天。“扎根中国大地办教育”是我们办学的宗旨，“三个面向”指引我们发展的方向。

【吉祥物】

由学校的美术老师设计了学校的吉祥物——紫荆灵，通过变式设计，分别设计出五个形象，分别代表着德、智、体、美、劳五育并举，并在学校教学楼中庭建成了五育花坛，象征着东汽小学的孩子德、智、体、美、劳全面发展。

3. 形成一整套学校文化建设体系并开展与之匹配的主题活动

我们经过反复研讨，并多次向李继星教授团队及市教科院有关专家请教，结合我校发展历史和办学实际情况，基于“扎根传统，放眼未来”的办学核心理念，构建本校的校园文化建设体系，着力打造“大美中国，幸福东小”这一特色主题文化。

一是“大美中国，幸福东小”主题活动案例。

二是“红色传递”主题活动案例。

三是“研学旅行”主题活动案例。

四是“四节两周一讲坛”系列活动案例。

五是“劳动教育——种植园”活动案例。

4．打造独具特色的学校文化品牌

近年来，德阳市东汽小学围绕“大美中国，幸福东小”开展了一系列主题活动。

从2018年起，学校推出“大美中国，幸福东小”之“绿水青山话中国”主题教育活动，培养孩子爱祖国、爱家乡、爱学校之情感，从小胸怀祖国、热爱祖国，立志报效祖国，放眼未来，成长为“健康、聪慧、温暖”的时代新人。立有爱之德，树未来之人。

学校共有30个教学班，与我国省、自治区、直辖市数目接近，于是，我们推出“绿水青山话中国”主题教育活动，让每个教学班对应一个省份、自治区和直辖市，以抽签的方式确定对应关系。在班主任的带领下，通过多种途径，让孩子们了解该地区的风土人情，对地域文化进行深度挖掘，开展主题教育活动。学校定期组织主题活动，让孩子们通过演、品、颂等形式，将该地区的文化特色呈现给全校师生，让“大美中国”深入每个孩子的心里。开展了班级文化建设、美食节、艺术节、读书节、运动节等系列活动，打造了独具特色的学校文化品牌。

具体见图5-1。

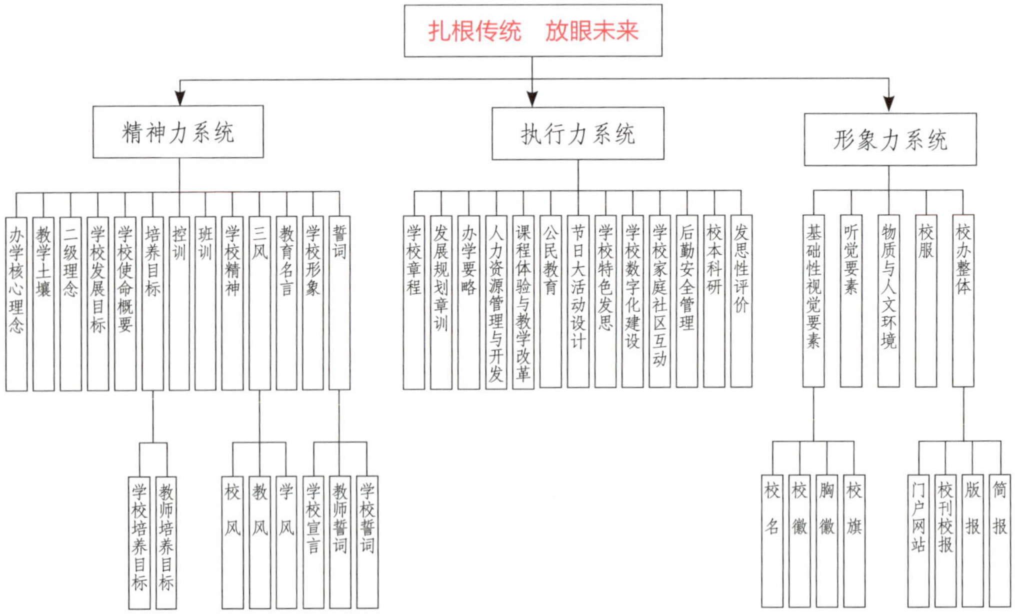

图 5-1　学校文化建设体系

（三）总结阶段（2021.1—2021.6）：梳理成果，形成经验，交流发表

召开成果总结会议，撰写《成果鉴定书》《研究报告》和《工作报告》，汇编《学校文化建设战略纲要》，完成学校文化建设样板打造。邀请专家鉴定，形成《检测报告》，进行课题成果的交流。

三、研究计划的执行情况

经德阳市教育局批准立项后，课题组按原计划认真开展研究工作，落实研究项目，顺利完成研究任务，积极总结研究成果。

四、研究计划的变更情况

根据总课题组的要求，课题研究实施阶段的相关工作均已提前完成。

在具体研究过程中，课题组有如下变更。

（1）变更了课题名称。“立项申请时，我们的课题名称为“以课程理念构建学校文化建设体系的实践研究——以德阳市东汽小学为例”，后经专家指导，我们将学校办学核心理念调整为“扎根传统，放眼未来”，因此课题名称也做了相应的调整：“以办学核心理念构建学校文化建设体系的实践研究——以德阳市东汽小学为例”。

（2）增加主研人员。根据《德阳市教育局教育科研项目课题管理办法（2020年修订）》的相关规定和工作需要，增加主研人员兰勇。

五、研究成果的发表、出版、交流、获奖情况

2019年1月，学生岳欣仪的作品《青山绿水话四川》获省一等奖。

2019年11月，案例《大美中国，幸福东小》获得市一等奖、省三等奖。

2020年，课题组获德阳市阶段成果三等奖。

六、研究工作的保障条件

在本课题研究过程中，学校给予了人力物力的充分保障。

（一）人力保障

负责人：罗建（德阳市东汽小学校长）

课题组组长：颜昭伟（德阳市东汽小学副校长）

课题组副组长：谢长林（德阳市东汽小学教科室主任）

主研人员：

杜鹃（德阳市东汽小学英语教师）

宋婷婷（德阳市东汽小学少先队辅导员）

吴文菊（德阳市东汽小学美术教师）

兰勇（德阳市东汽小学总务处副主任）

参研人员：学校有30名富有经验的班主任老师，对相关的研究活动给予了大力的支持。

（二）财力保障

在整个课题研究过程中，学校共斥资15万元用于研究和相关活动开展，以及相关工程的建设。

第六章｜德阳市东汽小学学校文化体系建设案例

第一节　大美中国，幸福东小

近年来，德阳市东汽小学围绕“大美中国，幸福东小”开展了一系列主题活动。

从2018年起，学校推出“大美中国，幸福东小”之“绿水青山话中国”主题教育活动，培养孩子爱祖国、爱家乡、爱学校之情感，从小胸怀祖国、热爱祖国，立志报效祖国，放眼未来，成长为“健康、聪慧、温暖”的时代新人。立有爱之德，树未来之人。

学校共有30个教学班，与我国省、自治区、直辖市数目接近，于是，我们让每个教学班对应一个省份、自治区和直辖市，以抽签的方式确定对应关系。在班主任的带领下，通过多种途径，让孩子们了解该地区的风土人情，对地域文化进行深度挖掘，开展主题教育活动。学校定期组织主题活动，让孩子们通过演、品、颂等形式，将该地区的文化特色呈现给全校师生，让“大美中国”深入每个孩子的心里。

一、“大美中国，幸福东小”班级文化建设

2018年暑假前夕，各班班主任通过抽签，明确了班级所对应的省份、自治区和直辖市，利用暑假社会实践活动，让孩子们通过书籍、网络等途径收集相关知识，并制作手抄报。

秋季开学，“大美中国，幸福东小”主题教育活动正式启动。各班围绕“绿水青山话中国”这一主题，开展了丰富多彩的班级文化建设。

（一）“走进美丽××”主题班会课

新学期的第一堂班会课便是“走进美丽××”，各班将暑假社会实践的成果一一进行展示，说、唱、绘、演……漂亮的图片、精美的PPT，各地方的大美风光、地域特色、美味佳肴、风俗人情……让孩子们大饱眼福。比如，二年级三班对应的是黑龙江省，主题班会“走进美丽黑龙江”带领孩子们了解了冰雪世界——黑龙江的地貌、特产等，让四川的孩子对遥远的北国有了全新的认识。巧的是，班主任孙梓偎老师就是东北人，孙老师给孩子们讲童年的故事、家乡的风俗礼仪，让全班孩子都成了精通

当地风俗的“小东北”。

整个东汽小学都在上演“大美中国”纪录片。孩子们在领略风土人情的同时，激发了对该地区文化有更加深入了解的强烈愿望，在之后的学习、生活中，孩子们会对该地区格外关注。

（二）“大美中国”图6–1班级文化装点

在暑假社会实践活动和主题班会的基础上，学校德育室开展了教室文化装点比赛，各班都积极展示，室内外尽显地方特色。教室外的橱窗里，展出了本班暑假社会实践活动的优秀作品。教室内的布置，师生群策群力，无一不与该地区的特色文化紧密相连（见图6–1）。

图 6–1　班级文化装点

五年级五班对应的正好是四川，教室装点可谓特色鲜明。川剧是最亮眼的文化符号之一，班主任王文佳老师带领孩子们动手绘川剧脸谱，从网上购置了白色脸谱后，参照网络等相关资料，用画笔描画出一张张鲜活的彩色脸谱，在描画中体味川剧人物特点，然后将孩子们的作品悬挂在教室的四周墙壁上。走进教室，仿佛置身于川剧的演出现场，耳边好似听到锣鼓唢呐的伴奏声。同时，四川又是国宝大熊猫的故乡，青翠的竹子、憨态可掬的卡通熊猫形象便是用得最多的装点图案，整个教室充满浓厚的文化氛围。坐在教室里学习，孩子们既可以深入理解四川的文化元素，又增强了文化自信。

在2018年度“‘中国电信杯’中国梦——行动有我”作品评选中，德阳市东汽小学五年级五班岳欣仪等同学的作品《青山绿水话四川》经由王文佳和裴尔娜老师的悉心指导，在全省近500件参赛作品中脱颖而出，喜获一等奖。作品发掘了家乡的优秀传统文化，将变脸、美食、国宝大熊猫等元素巧妙融合在一起，令人耳目一新（见图6-2）。

图 6-2　获奖作品

二、“大美中国，幸福东小”主题文化系列活动

近年来，学校围绕“大美中国，幸福东小”这一活动主题，开展了一系列丰富多彩的活动，在活动中，孩子们深入了解了各地的风土人情，真正做到胸怀祖国、放眼未来。

（一）别开生面的体育节开幕式

从2018年起，东汽小学一年一度的体育节一改往日传统的入场方式，紧扣班级所对应的地区，精心准备，以最具地方特色的方式入场。从一年级的小朋友开始，或歌或舞，号子说唱，特产推介……把观众带进一个又一个美丽的地方。比如，代表内蒙古的五年级三班，以一曲《站在草原望北京》为伴奏，跳起优美的蒙古舞，将大家带入辽阔无垠、牛羊成群的大草原。代表广东省的六年级三班，用武术表演征服观众，在《男儿当自强》的旋律中，孩子们个个英姿飒爽，豪情万丈……整个入场式，犹如一部神奇的“地理中国”纪录片，带着大家走遍大江南北，领略不同的风土人情（见图6-3）。

图 6-3　入场仪式

（二）独具匠心的儿童节庆祝活动

2019年儿童节前夕，为了给孩子们过一个不一样的儿童节，学校筹划组织了“大美中国，幸福东小”系列庆祝活动。围绕这一主题，我们准备了丰富多彩的活动：“绿水青山品中国”美食汇，让大家足不出校，便可以品尝到天南海北的美食；低年级的“绿水青山颂中国”，让孩子和家人一起，用美妙的歌声祝福祖国，欢庆“六一”；爱好美术的孩子们还用他们的巧手和画笔描绘出祖国的美丽河山。

1.　“绿水青山品中国”美食汇

活动当天一大早，校园里便热闹了起来。穿戴整齐的小厨师和爸爸妈妈们把厨具、菜品、调料摆放完毕，开始张罗着布置本班的店招海报。创意无穷的海报吸引了许多人驻足，大家对活动充满了期待。

活动正式开始，小厨师们在爸爸妈妈的指导和帮助下，齐动手、共参与，你切菜来我炒菜。大家争相秀厨艺，对菜品进行精雕细琢和创意造型，忙得不亦乐乎。当简单的食材和灵巧的双手相遇时，一道道美味佳肴就悄然诞生了（见图6-4）。

在代表中国不同省（区、市）的各个摊位上，大家不仅可以品尝到舌尖上的盛宴，还可以了解味蕾中的传统饮食文化。甘肃的兰州拉面，现场纯手工制作的陕西饸饹面，体现了北方省份对面食的偏好。而南方省份尤爱米饭，比如扬州炒饭、菠萝饭和粽子等。在口味上又有“南甜北咸东酸西辣”之分，风味多样。在菜品风格上，西北地区以大块牛羊肉的烹饪为主，江浙一带更讲究小巧雅致，一些特色糕点让人不忍下口。在菜品名称上，体现了雅俗共赏的意味，如“红烧狮子头”“东坡肉”“麻婆

图 6-4　推介美食

图 6-5　美食汇

豆腐”“天蚕土豆”“丝娃娃”等。

制作美食不容易，售卖美食更有诀窍。有的小厨师们发放美食宣传单，用色彩鲜艳的图片吸引顾客。还有的做起了推销员，或唱起歌儿，或打起快板，或抛出了打折、送礼品、满减的促销口号高调招揽顾客。更有甚者拉着老师和家长，坚持不懈地一对一推荐，最终凭借三寸不烂之舌说动他们购买这些食品。现场果香四溢、香味扑鼻、欢声笑语，众多美食云集，香馥味蕾，是一场视觉与味觉的双重盛宴（见图 6-5）。

闻得到的是香味，看得到的是故事。看似简单的食物，其实凝聚了很多人的努力。从准备、制作、售卖，到最终计算盈亏，师生家长共同体验了一次非凡的美食之旅。活动既锻炼了学生的生活技能，增进了学生对我国各地美食和风土人情的了解，又培养了学生的理财能力，让他们学会对自己的钱财做合理规划，养成良好的理财习惯。

2. “绿水青山颂中国”文艺会演

各班所演节目均紧扣该班对应地区的特色。演出这天，低年级的孩子和爷爷奶奶、爸爸妈妈一起欢唱祖国，共度“六一”。《黄河流过我的家》歌唱宁夏，歌唱她铺陈的江南秀色，歌唱她雄浑的大漠风光，正所谓“塞上江南，神奇宁夏”。歌曲《三色之美》，“红星闪闪放光彩，红星灿灿暖胸怀！”讲述革命故事，赞美革命根据地——江西。《澳门情》回顾那声激情澎湃的澳门回归宣告，牵动炎黄子孙的心，把脉动奏成了同样的旋律……唱出美丽中国好风光，唱出悠悠历史中华情（见图 6-6）。

图 6-6　文艺会演

3. “绿水青山绘中国”美术作品展

纸上山水竞秀，丹青绘尽美篇。在品美食、看表演的同时，“绿水青山绘中国”书画展也如期开展，精美的衍纸、手工作品、版画以及传承本土优秀文化的绵竹木刻年画……一一呈现在师生和家长面前，孩子们用灵巧的双手绘出了中国的绿水青山（见图6-7）。

图 6-7　美术作品创作

三、开发“大美中国，幸福东小”校本课程

2019年，中共中央、国务院印发《关于深化教育教学改革全面提高义务教育质量的意见》。《意见》强调，坚持以习近平新时代中国特色社会主义思想为指导，全

面贯彻党的教育方针，落实立德树人根本任务，坚持“五育”并举、全面发展素质教育，培养德、智、体、美、劳全面发展的社会主义建设者和接班人。

从2018年起，学校就围绕“绿水青山话中国”开展了一系列主题活动，经过提炼，学校正式确定了“大美中国，幸福东小”这一综合课程。

“大美中国，幸福东小”课程致力于培养学生家国情怀，在小学阶段从认识到了解并深深热爱学校、家乡、祖国；从地理特征、风土人情、文化特色等方面全面挖掘相关资源，引导学生胸怀祖国，争做中国特色社会主义事业的合格建设者和接班人。

（一）课程理念

1．努力培养学生家国情怀

小学生对祖国的认识是从模糊逐渐到清晰的，因此，本课程通过系列活动引导学生从认识到了解并深深热爱学校、家乡、祖国，努力培养学生家国情怀。

2．逐步、多角度认识学校、家乡、祖国的美丽

依据学生年龄层次，引导学生从认识学校、家乡再到祖国的大江南北；从地理特征、风土人情、文化特色等方面多角度认识学校、家乡、祖国的美丽，从而培养深厚的爱国主义情感。

3．努力培养学生未来意识和建设意识

引导学生领会“家是最小国，国是千万家”的含义，立足学校，放眼祖国和未来，树立为建设家乡、建设祖国而努力学习的理想信念。

（二）课程目标与本课程的核心素养

1．课程目标

1）总目标

①认识学校、家乡和祖国的美丽，了解祖国大江南北各个地区的地理特征、风土人情、文化特色等。

②通过多种渠道认识和了解学校、家乡、祖国。

③培植热爱学校、热爱家乡、热爱祖国的情感。

④树立为建设家乡、建设祖国而努力学习的理想信念。

2）学段目标

（1）第一学段（1~2年级）。

①认识学校的美丽，了解班级对应的行政地区的基本情况。

②培植热爱学校的情感，在活动中初步形成国家意识。

③懂得如何热爱学校，在生活、学习中用实际行动热爱学校。

（2）第二学段（3~4年级）。

①认识家乡的美丽，了解班级对应的行政地区的基本情况，初步感知当地的风土人情。

②培植热爱家乡的情感，有明确的国家意识。

③懂得如何热爱学校和家乡，在生活、学习中用实际行动热爱学校、热爱家乡。

④有一定的家国情怀，懂得什么是热爱祖国。

（3）第三学段（5~6年级）。

①认识祖国的美丽，了解班级对应的行政地区的基本情况，感知当地的风土人情，初步了解文化特色。

②培植热爱祖国的情感，有强烈的国家意识。

③懂得如何热爱学校、家乡和祖国，在生活、学习中用实际行动热爱学校、热爱家乡、热爱祖国，有初步的建设家乡、建设祖国的意识。

④有强烈的家国情怀，争做中国特色社会主义事业的建设者和接班人。

本课程要实现的学生发展核心素养如下：

①培养深厚的爱国主义情感，树立争做中国特色社会主义事业的建设者和接班人的远大理想。

②了解学校和家乡的美丽，尤其是祖国的壮美、富饶，激发强烈的家国意识。

③学会通过实地考察、查阅资料、浏览网页等方式了解祖国不同地区的地理特征、风土人情、文化特色等。

④立足学校和家乡，放眼祖国和未来，树立为建设家乡、建设祖国而努力学习的理想信念。

（三）课程的内容结构与设计思路

（1）课程采用双线并进的方式。横线是了解班级对应的行政地区之美，纵线是按学段分别了解学校、家乡和祖国之美。

（2）30个教学班有分别对应的行政地区，两年一换教室时，对应的行政地区相应调整。

（3）通过系列活动了解该行政地区的地理特征、风土人情、文化特色等。

（4）一、二年级以了解学校之美为主，三、四年级以了解家乡之美为主，五、六年级以了解祖国壮美为主。

（四）对校本教材的编写建议

1. 校本教材的编写建议

（1）遵循循序渐进的原则，低段以绘本形式为主，中高段注重图文结合。

（2）阅读与探究相结合，适当、科学设计实践活动，引导学生通过多种渠道进行实践探究。

（3）行政地区基本知识与本校、地方知识相结合。

（4）知识性与趣味性相结合，要符合儿童的认知特点。

（5）紧密联系本校文化建设实践，充分体现学校文化特色。

2. 课程实施建议

（1）关于教学理念的建议。遵循学校“因材施教，学为教先”的教学理念。

（2）关于教学原则的建议。遵循循序渐进、因材施教的原则，低段在教学活动中慢慢感知，得到初步体验即可；中、高段逐渐进行爱国主义情感渗透。

（3）关于教学设计的建议。一个学段重点认识一个行政地区，除学校大型活动外，每学期可安排2~4节专题班队会课。

（4）关于课程资源开发与利用的建议。可通过电视节目、“学习强国”APP等收集课程资源，鼓励开发微课等学习资源。

（五）课程评价

（1）本着公正、高效、多元、发展的课程评价理念。

（2）坚持客观、助推提升的课程评价原则。

（3）坚持自评、互评、师评、家长评等多种方式评价。

（六）附　录

（1）推荐节目（栏目）。《地理中国》《航拍中国》《舌尖上的中国》《学习强国·最美中国》等。

（2）关于课外读物的建议。推荐阅读《地理中国》及相关的地方志。

（3）主要参考文献：陈宝生等：《深入学习习近平关于教育的重要论述》［M］，北京：人民出版社2019年版。

第二节　四节两周一讲坛

学校以“扎根传统，放眼未来”为办学核心理念，致力“紫荆花教育”，用心培育“健康、聪慧、温暖”的时代新人。

以“四节两周一讲坛”为框架，旨在通过丰富多彩的活动践行“扎根传统，放眼未来”的办学核心理念。

一、“四节”——艺术节、体育节、读书节、科技节

（一）艺术节——培养学生“面对未来”的艺术修养

习近平总书记在全国教育大会上指出，要全面加强和改进学校美育，坚持以美育人、以文化人，提高学生审美能力和人文素养。学校在艺术节上在将音乐、美术、文艺表演等进行融合，大力传承和弘扬中华优秀传统文化，培育学生的文化自信。

学校历届艺术节以“扎根传统，放眼未来”为指南，活动形式丰富多样：合唱比赛、葫芦丝吹奏比赛、歌舞比赛、话剧比赛……倡导全班参与，人人成才。尤其是用合唱、葫芦丝演奏等方式演绎家乡的歌，将歌曲置于民族文化的学习和传承中，使学

生从小受到民族音乐文化熏陶，树立传承民族音乐文化的意识。

结合“大美中国，幸福东小”主题，一班对一省（自治区、直辖市），各班所演节目均紧扣该班对应地区的特色。

学校的艺术节目不仅在校园呈现，还走出校园，取得了优异成果。例如，学校紫荆花合唱团和管乐团在德阳市第十一届中小学生艺术展演市属专场双双获得小学组一等奖；学校管乐团在2021年“意林杯”四川省第四届管乐团展示活动中获得全省二等奖。这些成功充分彰显了“四川省艺术教育特色学校”的魅力（见图6-8）。

图 6-8　参与艺术节目

（二）体育节——培养学生“面对未来”的良好体魄

现代化的教育不仅关注知识和技能的厚度，更关注体质和涵养。在体育实践活动探索中，我们一改往日传统的开幕式入场方式，各班以“绿水青山秀中国”“绿水青山话中国”两个实践主题为出发点，紧扣班级所对应地区，精心准备，以最具地方特色的方式入场。

在“绿水青山秀中国”主题上，以歌唱、舞蹈、童谣等最具地方特色的方式入场，展现“地理中国”。从一年级的小朋友开始，或歌或舞，号子说唱，特产推介……把观众带进一个又一个美丽的地方。在“绿水青山话中国”的主题入场式上，各班学生以一句代表各地特色的方言作为汇报表演，突出当地的语言特色，体会语言文字的魅力。

每一届体育节，孩子们都积极参与，奋力拼搏，团结一心，合作向前。这样的精神也让学校的体育成绩结出硕果：在2021年德阳市三大球足球赛上，我校U7男子足球队获得冠军，U7女子足球队获得第六名，我校U8篮球队参加四川省小篮球比赛（德阳赛区）获得冠军，U10混合组获得季军。以上成绩的取得正是学校校训“争做新时代健康、聪慧、温暖的时代新人”的最好写照（见图6–9）。

图 6–9　参加体育节

（三）读书节——培养学生“面对未来”的文化底蕴

读书节以国学发展为主线，通过静态展示和舞台表演两种形式演绎国学经典。一是班级文化墙展示，一、二年级为亲子阅读图片墙，三、四年级为诗配画作品展，

五、六年级为诗词书法作品展；二是以年级组为单位的舞台表演，一年级为国学启蒙，二年级为诗经之美，三年级为论语之光，四年级为大美唐诗，五年级为典雅宋词，六年级为演绎经典。读书节让孩子们亲近经典，走进传统，欣赏经典文化，用思辨的态度去攫取国学深邃的思想（见图6-10）。

图 6-10　领悟传统文化

（四）科技节——培养学生“面对未来”的科学能力

一年一度的科技节注重在“科技 + 传统文化”的结合中挖掘新意，对传统文化进行再创作和运用，让学生自觉成为潮酷科技与传统文化传播的主力。在科技节上，学生用编程语言讲述传统故事，从故事中感悟家国情怀；3D裸眼全息投影展现远古传说，将传统文化拉出时光博物馆里珍藏的“故纸堆”；制作新冠病毒模型，在探索微观世界的同时，了解战“疫”中为国献身者的感人事迹；撰写科技小论文，阐述科学技术在中华民族发展中发挥的重要作用，无论是“使命必达”的“东风快递”（东风系列导弹）、揽月探海的“嫦娥”“海斗”，还是穿梭飞驰的“和谐号”“复兴号”，都是用科学眼光看中国社会发展的典范。创作过程既提升了学生思维的缜密性和逻辑表达能力，也增强了其社会责任感（见图6-11）。

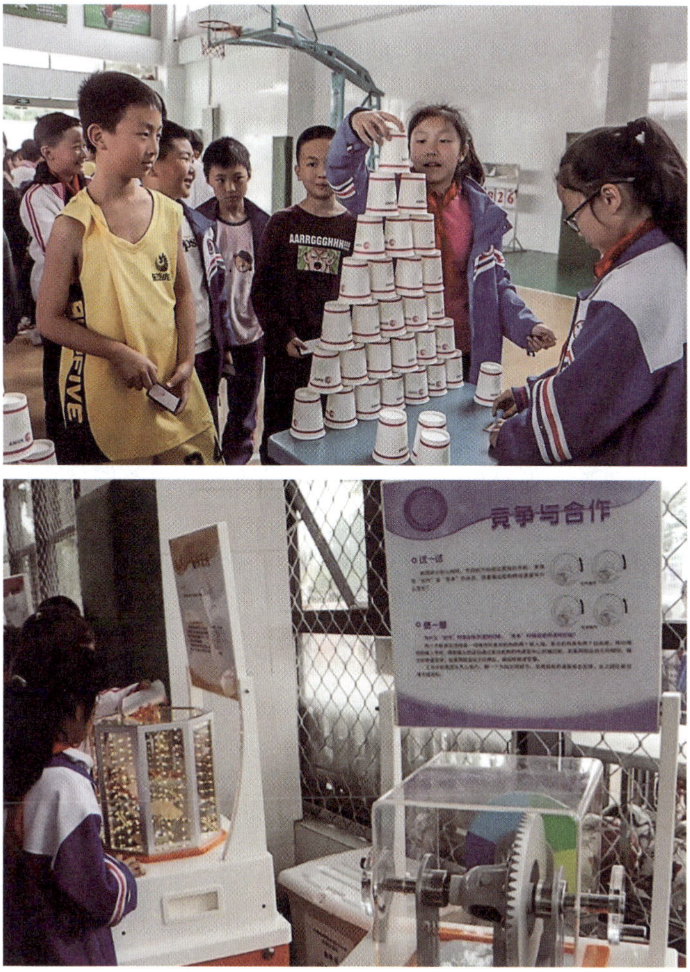

图 6–11　科技节活动

二、“两周”——数学周、英语周

（一）数学周——培养学生“面对未来”的数学思维

2021年是中国共产党建党一百周年，我国社会已全面步入小康。将数学周与当前时事相结合，引导学生以数学眼光，站在历史前进的潮流之上，立足于时代之基，回答时代问题，体会作为基础学科的数学所承载的作用，感悟数学的奥妙，增强学生的数学应用意识，提升学生的理性思考能力。在数学周上，引导学生用数学之眼传承传统文化。

一是设置数学竞赛项目时与传统文化结合，如“九宫格数独”。九宫格起源于河图洛书中流传下来的两幅神秘图案，中国古代也叫“纵横图”，历来被认为是河洛文化的滥觞、中华文明的源头。九宫游戏正是在中国古代日常教学“纵横图”的基础上发展而来的。

二是以“数学在百年发展中的重要作用”“我了解的数学家”为主题，绘制学习小报。彰显人文精神，让学生以他们为榜样，从小树立起为国家富强、为民族振兴而发奋读书、顽强拼搏、积极奉献的责任感（见图6-12）。

图 6-12 数学周活动

（二）英语周——培养学生“面对未来”的语言能力

以“中国故事世界表达”的理念在英语周打造传统文化与时代特色兼备的中英双语优秀传统文化长廊，设置优秀文化传统故事、传统节气、历史人物故事、近代优秀人物故事等专区。

同时，在英语游园活动中，用英文说出中华传统节日或传统文化艺术品。例如，天灯（sky lanterns）、剪纸（papercutting）、泥塑和泥人（Chinese clay）等，将中国优秀传统文化融合到英语中，让青少年对中华优秀传统文化有更深入的理解，培养学生的民族自尊心和自信心，为中华传统文化的传播奠定基础，推动中国文化走向世界（见图6-13）。

图 6–13　英语周活动

三、“一讲坛”——培养学生“面对未来”的无限视野

“转动讲坛”是指学校定期邀请校外艺术人才和团队到学校进行才能展示和讲座的活动。如音乐进校园、管乐团进校园、川剧进校园，旨在开阔同学们的眼界，促进同学们对传统文化的学习，培养学生爱国主义情怀。

乒乓球全国冠军的现场示范与演讲，心理学专家的全校讲座，四川省一流学校的校长课堂，都给全校师生与家长带来深刻思考，拓宽了视野。

第三节　红色传递

2019年11月12日，中共中央国务院印发了《新时代爱国主义教育实施纲要》，旨在加强国民的爱国主义教育，实现中华民族伟大复兴。《纲要》指出，爱国主义是中华民族最重要的精神财富，是维护民族独立和民族尊严的精神动力，是推动民族伟大复兴的重要法宝。多年来，我们始终把增强爱国情怀作为培养社会主义建设者和接班人的重中之重，精心引导学生扣好人生第一粒扣子，培育好学生的“拔节孕穗期”。

一、活动背景

中国少年先锋队是由中国共产党创立领导，并委托共青团直接领导的少年儿童群众组织，是少年儿童学习共产主义的地方，是建设社会主义和共产主义的预备队。爱国主义是一个少先队员应具备的最基本的思想觉悟。因此，在教育教学中，应时刻以爱国主义为核心，加强对少先队员的思想品德教育，帮助学生在思想上、情感上奠定爱国主义的基石，培养学生的爱国之情、报国之志。

2019年11月，共青团中央、教育部、全国少工委印发了《关于构建阶梯式成长激励体系增强少先队员光荣感的指导意见》《关于深入贯彻落实党建带团建、队建加强少先队工作体制机制建设的意见》，旨在树立和增强少先队员光荣感，构建少先队员阶梯式成长激励体系，加强少先队工作体制机制建设。2021年恰逢中国共产党成立一百周年，利用好这一重大历史节点，举行“红色传递”活动，培养学生的爱党、爱国、爱队情怀，具有重要的意义。

二、活动目的

为深入学习贯彻落实习近平总书记关于少年儿童和少先队工作的重要指示精神，贯彻落实相关文件精神，东汽小学全面实施全童分批入队，建立阶梯式成长激励体系，充分发挥少先队组织在立德树人中的独特作用。通过规范创新的少先队入队仪式，让少先队员们认识到少先队是一个有理想、有纪律、有光荣传统的组织，增强少先队员的组织意识，激发少年儿童对党和社会主义祖国的朴素感情。

三、实施过程

在教育教学实践中，我们以“红色传递”精神为引领，以“高举旗帜跟党走　争做时代好少年”为主题，开展了一系列创新教育活动。

（一）红色知识传递，感受爱国情怀

1. 线下指导——初建红色印象

为了帮助一年级新队员们了解少先队知识，明确入队意义，提高他们的入队积极性和主动性，学校红色SMT（自我管理团队）走进课堂，利用校园读本《自主管理团队》“红领巾　心向党”这一篇章，对即将入队的队员们进行了细致的指导和培训：从嘉兴南湖的红船到五四运动，从劳动童子团到中国少年儿童队，通过一个个生动的小故事，让学生对党、团、队组织的关系和发展有了初步了解，激发了少年儿童对党和社会主义祖国的朴素感情（见图6-14）。

图 6-14　少先队员培训

2. 线上学习——传递价值观念

学校在微信公众号特开设“你好！红领巾”队知识学习专栏，在小课堂里通过视频和图片由浅入深地讲解“六知”“六会”和“一做”，让学生在家长的陪伴下在线上学习，巩固队知识，对党、团、队一脉相承的衔接关系有了更清晰、系统的认识。从学校辐射到社会，从少年跨越到成人，从当下延续到未来，将爱国主义、家国情怀永远传承下去。

（二）红色精神传递，理解爱国情怀

1. 青年党员讲党史

在建党百年入队，有着非常重要的意义。在庄严的仪式上，青年党员曾洁老师为大家宣讲了党的知识，让孩子们了解党史，童心向党，永跟党走。

2. 老党员寄希望

老党员蒲爷爷用饱满的热情向孩子们讲述他的故事以及党、队的知识，勉励学

生珍惜来之不易的幸福生活，并寄予少先队员殷切希望——在美好的新时代，努力学习，全面发展，成长为社会主义事业的建设者和接班人（见图6-15）。

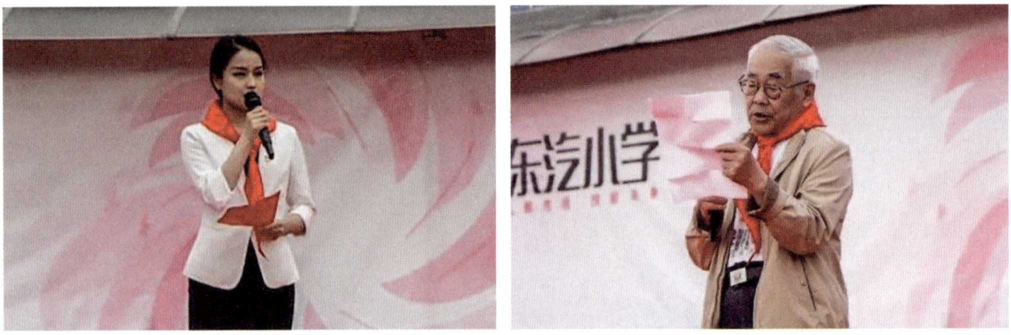

图 6-15　红色精神传递

（三）红色旗帜传递，深化爱国情怀

一面面红色的旗帜迎风招展，旗帜就是方向，旗帜就是力量。在《红旗颂》的音乐声中，党员代表吴雨亭老师高举党旗、教师代表花明星老师高举国旗、团员代表陈佳浩老师高举团旗、中队辅导员代表董晓霜老师高举队旗，分别向少先队员们表达殷切的希望后，郑重地将旗帜传递到他们手中。

“红色旗帜、代代相传”的呼号响遍全场……这呼声表明了新一代少先队员为实现中华民族的伟大复兴而好好读书的决心和信心，也生动地展现了当代青少年与祖国同呼吸、与时代共奋进的爱国主义情怀和昂扬向上的精神风貌。

在呼声中，四面鲜红的大旗帜从少先队员的头顶经过，同学们纷纷伸手去触摸，红色星火接力，光荣使命传承（见图6-16）。

图 6-16　红色旗帜传递

（四）红色理想传递，践行爱国情怀

四年级的少先队员代表将红领巾传递给110名家长，家长们将胸前的红领巾取下亲自为孩子系上，将伟大的革命精神在亲情的温暖下传递下去，充分体现传递与传承的重要意义。家长与老队员重温入队誓词、呼号，激发了自己的荣誉感、自豪感和使命感。

最后，戴上红领巾的110名新队员踏上红毯，挥动手中的旗帜演唱《国旗国旗真美丽》和《我们是共产主义接班人》，用稚嫩的歌声表达了深深的爱国情和为红领巾增光添彩的决心（见图6-17）。

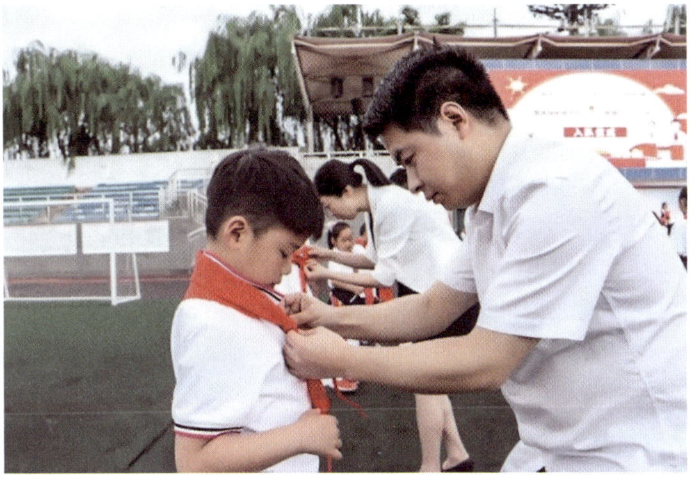

图 6-17　红色理想传递

四、基本成效

本次活动壮大了少先队的队伍，也使队员们受到潜移默化的影响与教育，懂得了一名少先队员所肩负的光荣使命，时刻铭记感党恩、听党话、跟党走。而这一刻将永远留在他们的脑海中，成为他们人生中的一篇美妙动人的乐章。

父母是孩子成长的亲历者和见证者，而让家长亲自参与孩子的入队仪式，赋予活动更深的含义，给家长一次难忘的经历与回忆。活动结束后，家长们纷纷写下了观礼感言。

五、活动感悟

入队仪式是少先队组织特有的、最基础、最重要的仪式之一。给孩子的第一个政治生涯一个庄严的仪式感尤为重要。规范创新的少先队入队仪式，更符合少年儿童的身心特点和教育成长规律，可以激发广大少先队员热爱祖国、热爱中国共产党的热情，让学生高举旗帜跟党走，争做新时代好少年！

第四节　研学旅行

一、文化渗透

组织学生走出校门，走进乡村、走进社区、走进工厂，可以帮助学生了解国情，了解改革开放以来祖国取得的伟大成就，引导学生增长知识、开阔眼界，培育国情意识。因此，以学校办学核心理念“扎根传统，放眼未来”为统领，通过研学旅行渗透学校办学理念。

（1）研学旅行是有组织的集体性、探究性、实践性、综合性活动，是集体主义教育、生活教育、行为习惯养成教育的有效载体，可以帮助我们学会生存生活，学会做人做事，形成正确的世界观、人生观、价值观。

（2）研学旅行让课本上的理论知识与实际生活联系起来，让历史上的人物更充满“烟火气”，变得可以触摸，可以感觉。在旅行的过程中，我们可以追寻古人的足迹，寻访历史文化的遗踪，体验非遗传统文化。当原本一些在课本上通过文字感知的景色展现在学生面前时，他们对课文的理解也会更加深入。经过一个漫长学期的封闭学习，让孩子们适当放松与调节，可以让学习更加高效。

（3）研学旅行让学生走进革命圣地，走进祖国名山大川，引导学生领略革命先烈的英雄事迹，感受祖国大好河山，能够激发学生对党、对国家、对人民的热爱之情，激发学生的民族自豪感，培育学生强烈的爱国主义情怀。

二、研学旅行活动

2021年4月2日，正值花红柳绿、蜂蝶争春，德阳市东汽小学及紫荆幼儿园的全体师生进行了一场研学旅行。1~3年级的师生去了绵竹年画村，进行了“相遇画里，寻根非遗”的研学旅行；4~6年级的师生去了中江挂面村，进行了“献礼建党百年，争做时代少年”的研学旅行；幼儿园师生们去了柳梢堰湿地公园，进行了“放大镜找春天”的研学旅行。

（一）初识年画村

出发前一天，组织学生观看了《绵竹年画》的短视频，从绵竹年画的起源、发展、色彩、构图、题材、非遗传承等角度了解了绵竹非物质文化遗产年画的瑰丽。阅读了《绵竹年画村》研学手册，了解了研学的内容以及研学途中要探究的问题，初步认识了绵竹年画村。

孩子们在研学老师的带领下，学习了年画村里家家户户门前的优良家训，认识了身边当季农作物，辨识了川西农具及其使用方法，了解了农耕农事和农耕文化，发扬了农耕精神。饭前齐背诵《悯农》，使孩子们形成节约粮食、不浪费粮食的好习惯。

沿途中，一些孩子当起了小记者，寻访了年画村村民的生活故事，了解了年画村的发展给村民带来的变化。

老师和孩子们共同参观了年画博物馆，学习了年画制作过程，并体验了彩绘和拓印，激发了传承、保护非物质文化遗产的热情。

孩子们在年俗村的广场上共同绘制了一幅“我的理想”长卷，诉说了自己心中的梦想，激励自己在未来的道路上不断前行，努力实现理想和目标。

师生们共同参观了年画陶瓷馆，里面陈设着各式各样的陶瓷。欣赏了不一样的毛瓷佳作，孩子们惊叹于制作者们的高超技艺，赞叹中华传统文化的博大精深。

在研学辅导师的帮助下，孩子们完成了《绵竹年画村》研学手册，包括所有前置课程的问题、行走中课堂探讨的问题，填写了研学日志，形成了总结报告，提出了一些新的有关绵竹年画村的问题。

结束了一天的研学旅行，回校后，在班主任老师的指导下，孩子们进行研学日志评比，并在班级内选出了优秀的研学手册，进行了“研学礼仪星”“研学智慧星”的评选（见图6-18）。

图 6-18　初识年画村

（二）缅怀英雄

在清明节来临之际，德阳市东汽小学4~6年级的师生们来到中江黄继光纪念馆，开展了缅怀英烈活动，寄托了对英雄的哀思。

在一幅幅历史照片、一件件珍贵文物面前，孩子们认真听了讲解员的解说，感悟了英雄黄继光的革命历程。参观结束后，全体师生来到黄继光英雄雕塑面前，面对党旗庄严宣誓，重温誓词，朗诵诗歌，向英雄献上鲜花（见图6-19）。

图 6-19　缅怀英雄

（三）体验农耕文化，制作挂面

为了丰富学生的研学活动，学校组织大家来到中江挂面村。在美丽的彩虹栈道上，看着优美的田园风光，大家唱起了欢快的田园小曲。接着，孩子们走进挂面农家，探索制作工艺，领略传统美食文化，亲身体验了挂面制作过程，品尝到了美味的中江挂面，并进行了家庭采访，了解了农户生产和生活情况，以及非遗文化给村民带来的变化（见图6-20）。

图 6-20　制作挂面

（四）春天里的游戏

春天是游戏的季节，在草地上撒欢、在树林里捉迷藏、在春风里放风筝……这些都是小朋友喜欢的活动。这次春游由孩子自主制订计划，老师、爸爸妈妈对孩子们的计划给予尊重、支持，让孩子们真正玩出精彩，把自然交给孩子，也把孩子还给自然（见图6-21）。

图 6-21　春天里的游戏

尊重孩子们的想法和兴趣，让他们自由自主地游戏，我们期待孩子们的每一次游戏都是一次心灵的翱翔。

在建党一百周年之际，德阳市东汽小学组织的春季研学活动以“扎根传统，放眼未来”的办学理念为导向，目的是引导学生深入了解传统文化，了解革命先辈英雄事迹，争做“健康、聪慧、温暖”的新时代好少年。

第五节 种植园案例

在东汽小学“扎根传统，放眼未来”办学理念的指引下，为培养学生“求真知、探本源”的能力，加快课程建设，学校统筹规划，打造出全新“亲亲种植园”，将其作为学校种植实践基地。学校历经长期探索实验，使“亲亲种植园”成为学校的一张名片。挂牌、种植、浇水、施肥，并采取“自负盈亏”的模式，孩子们在种植的快乐中体会到劳动的无限魅力，增强了社会责任感，树立了主人翁意识。蔬菜成熟了，孩子们在校门口售卖，体验收获的快乐。稻谷成熟了，孩子们亲自将水稻割下并进行人工脱粒，快乐的心情溢于言表。

2021年“两会”期间，全国政协委员建议鼓励大中小学定期开设学农类实践活动。互联网条件下的城市生活让学生们更易沉溺于电子产品，患上“四体不勤，五谷不分”的城市病。定期开设学农类实践活动，可以让孩子们传承“吃苦耐劳、团结合作”的精神，真正做到扎根传统。

一、种植园开园

种植园是2016年3月份正式开启的，是师生们每天都要去的地方。学生到了四年级就开始接手种植，自己决定种植什么作物，每个班负责种植一块地。孩子们在老师的带领下，认真、负责地给农作物浇水、施肥、除草等，精心照料各自的农作物。每年丰收节，孩子们种植的白菜、青菜、萝卜等长满菜地，每天总能有所收获，并由老师轮流分配给学生。拿到亲手种植的蔬菜，孩子们脸上笑开了花，收获感溢满脸庞。种植园使东汽小学具有独特的校园文化气质。这里种植的不只是蔬菜，还播下了教育的种子，收获的是美好的梦想与希望！

学校特聘请家长作为“绿色辅导员”，为孩子们提供种植技术指导。少先队员带着灿烂的笑容为他们的“辅导员”带上了鲜艳的红领巾，班主任则为他们一一颁发了聘书。每个班级对应一个区域，每一个区牌的标语都是由各班孩子自己精心设计的。有了自己的责任区，孩子们兴奋不已，他们把小小的责任牌举在手上，也把沉甸甸的责任装在心里（见图6-22、图6-23）。

图 6-22　种植园

图 6-23　收获

二、种植园的区域划分

种植园分三个区域：果园、菜园、药材园，设置了专门的劳动工具小木屋，用以摆放农业工具。同时，对每个种植区域进行命名，如以A-1、B-1等，便于学生区分。

三、种植方式

（一）水培种植

水培植物有水葫芦、水芹菜、空心菜等，其中水葫芦作为四年级科学课的教具使用。水培种植工具有花盆定植篮、漂浮板、营养液等。

（二）土培种植

种有药材和果蔬，定期组织学生进行学习、种植、浇水、观测等（见图6-24）。

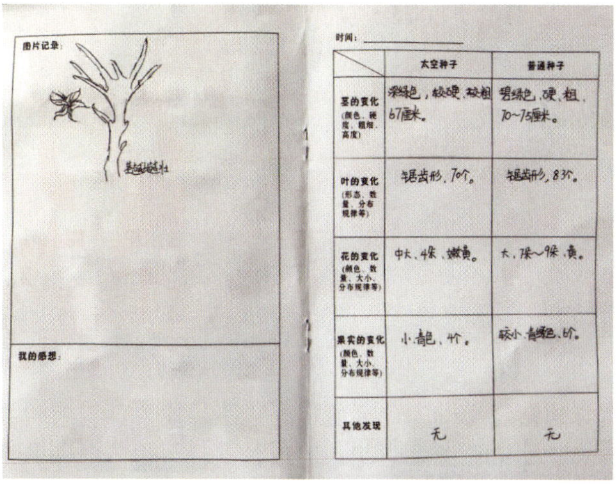
图片记录：

我的感想：

时间：

	太空种子	普通种子
茎的变化（颜色、硬度、粗细、高度）	深绿色，较硬、较粗 67厘米。	碧绿色、硬、粗、70~75厘米。
叶的变化（形态、数量、分布规律等）	锯齿形，70个。	锯齿形，83个。
花的变化（颜色、数量、大小、分布规律等）	中大、4朵、嫩黄。	大、7朵~9朵、黄。
果实的变化（颜色、数量、大小、分布规律等）	小、青色、4个。	较小、青绿色、6个。
其他发现	无	无

图 6-24　观测表

四、植物介绍

（一）药材

主要有藿香、生姜、车前草、薄荷、芦荟、金丝菊、艾叶等易于种植的药材。

（二）果蔬

有番茄、圣女果、太空辣椒、特大辣椒、玉米等。

（三）水稻田

学校专门开辟一块水稻田作为水稻田基地，同时设立稻谷丰收节，让孩子们知道“一粥一饭，当思来处不易”，从而让孩子们体会农民种植稻谷的艰辛，培养学生爱惜粮食、珍惜他人劳动成果的良好习惯，将劳动教育与传统教育相结合（见图6–25）。这也是东汽小学一直坚持立德树人这一育人目标，促进每一个孩子德、智、体、美、劳全面发展的写照。

图 6–25 插秧

五、活动

（一）财商教育

青少年财商教育，有助于从小树立孩子正确的金钱观，着重培养青少年财商思维，培养青少年更好地管理和支配自己所拥有资源的能力，包括时间、精力等。而这种自我管理能力恰恰是孩子在未来学习和成长必不可少的一环。具体内容有：学生自费购买种子，水费纳入成本，收获后可进行售卖，自负盈亏（见图6–26）。

图 6–26　售卖成果

（二）劳动教育

劳动教育可以使学生树立正确的劳动观，热爱劳动、劳动人民，养成劳动习惯；培养学生的劳动价值取向和劳动技能水平。具体内容有制作香囊、收获的瓜果等可在食堂进行加工等（见图3–27）。

图 6–27　劳动教育

（三）感恩教育

感恩是我们中华民族的优良传统。怀着感恩之心的人，为人坦荡，心胸宽阔。进行感恩教育，有助于东小学子成为“温暖”的时代新人。具体内容如教师节给老师赠送金银花、薄荷等。

（四）传统文化教育

传统文化是中华民族的精神文化的瑰宝，弘扬传统文化可以使学生以健康向上的精神面貌学习、生活，发挥聪明才智，创造更大的社会价值。

为了营造节日气氛，增强师生对中华传统节日的认同感和自豪感，学校举办了“艾草制香囊，端午迎安康”香囊制作活动，将艾叶赠送给每个班级并悬挂于教室门侧，邀请师生着传统服饰来参加香囊制作活动（见图6-28、图6-29）。

图 6-28　艾叶

图 6-29　香囊

（五）水稻丰收节

学校已经举行了两届稻谷丰收节，让学生从初春育秧、初夏插秧，到仲夏水稻生长、抽穗、扬花，最后到深秋成熟，孩子们见证了禾苗青翻转成稻谷黄（见图6-30、图6-31）。

图 6-30　水稻丰收

图 6-31　水稻成熟

2021年6月，为深切缅怀“杂交水稻之父”袁隆平院士，加强学生爱国主义教育和劳动教育，培养学生的民族责任感，东汽小学开展了以“种植杂交水稻，缅怀袁隆平爷爷”为主题的插秧活动。种植园里，孩子们化身为现代小小农夫，领略插秧的乐趣，体味劳动的艰辛（见图6-32、图6-33）。

图 6-32　缅怀袁院士

图 6-33　插秧活动

第三篇
学校文化建设成果（图例）

班级文化建设

建党
100周年

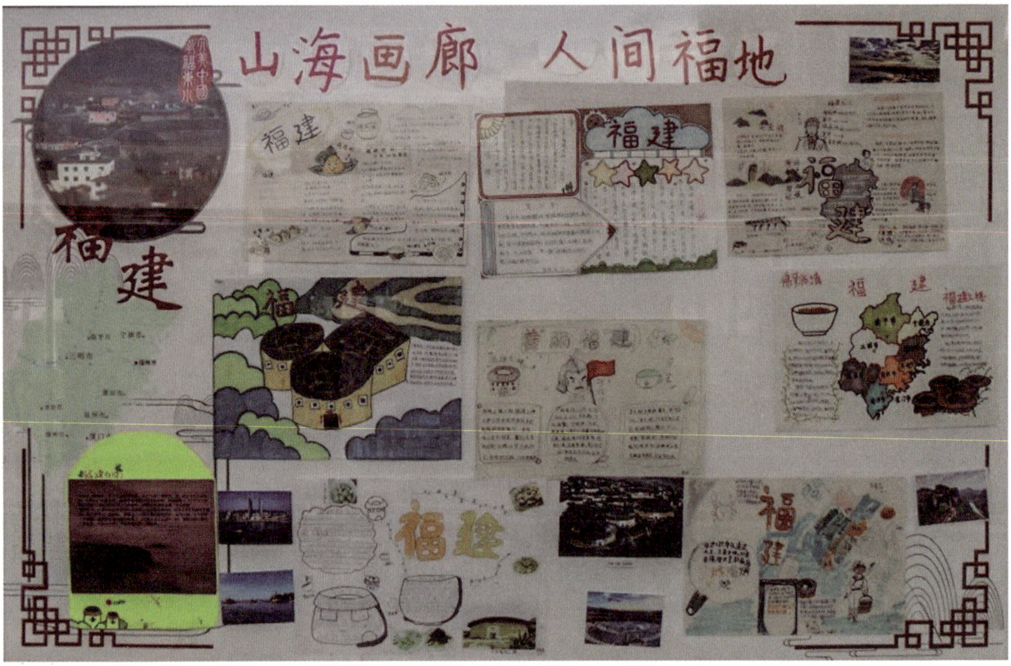
山海画廊 人间福地
福建
福建
福建
福建
福建
福建

美
丽
浙
江
浙
江

西
藏
瑰
宝
西
藏
布达拉宫
唐卡
唐
卡

IOC
贵州

建党100周年
重庆
重庆，简称“渝”，别称山城，是中华人民共和国省级行政区、直辖市、国家中心城市、超大城市，国务院批复确定的中国重要的中心城市之一、长江上游地区经济中心、国家重要的现代制造业基地、西南地区综合交通枢纽。总面积8.24万平方千米，辖26个区、8个县、4个自治县，常住人口3124.32万人。
重庆历史
重庆人物
重庆文化
重庆建设
重庆旅游
重庆美食

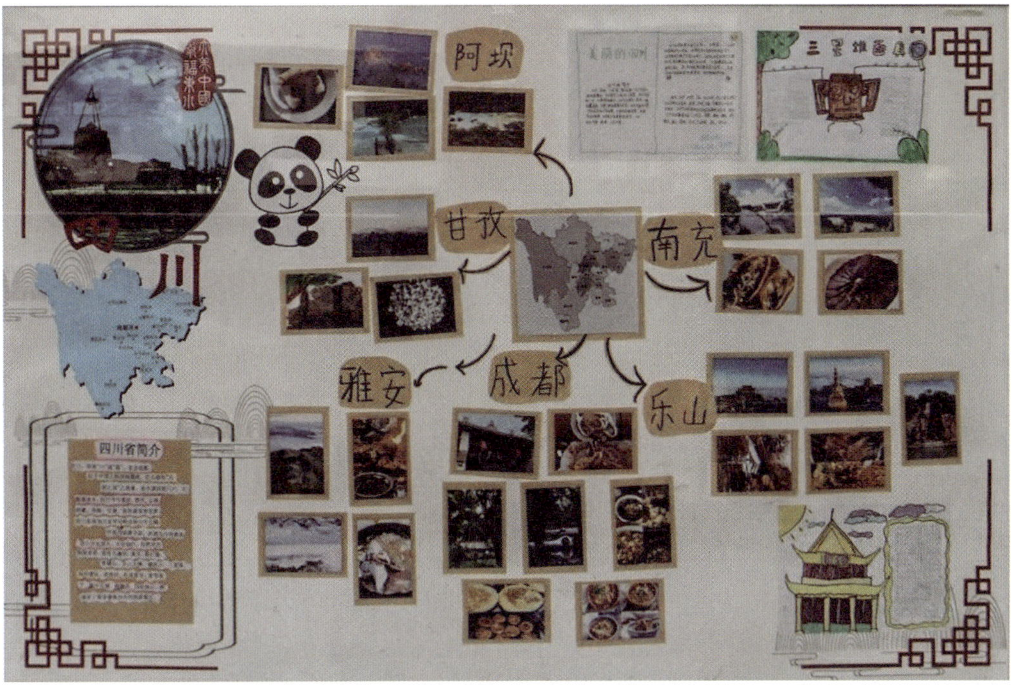
四川
阿坝
甘孜
南充
雅安
成都
乐山
四川省简介

云南
向英雄敬礼

楼宇道路命名

华南楼

华夏厅

德阳市东汽小学
培养健康、聪慧、温暖的时代新人

华中楼

华南楼
培养健康、智慧、坚强的时代新人

华北楼
建设团结、协作、奋进的师资队伍

文化主题建筑

学校文化上墙

扎根传统
放眼未

您已进入德阳市
文明校园
请注意文明言行

创建文明校园　我们在行动
自主管理　自主成长　服务他人　服务社会

2021春期学习之星
2021春期学习之星